Didier Calvet

Aidez votre enfant à explorer l'espace de son environnement

Éveillez votre enfant par des contes

Couverture
- Dessin:
EMMANUELLE TURGEON
- Maquette:
GAÉTAN FORCILLO

Maquette intérieure
- Conception graphique:
JEAN-GUY FOURNIER
- Illustrations:
DANIEL CALVÉ

DISTRIBUTEURS EXCLUSIFS:

- Pour le Canada:
AGENCE DE DISTRIBUTION POPULAIRE INC.*
955, rue Amherst, Montréal H2L 3K4 (tél.: 514-523-1182)
*Filiale de Sogides Ltée

- Pour la France et l'Afrique:
INTER-FORUM
13, rue de la Glacière, 75013 Paris (tél.: 570-1180)

- Pour la Belgique, la Suisse, le Portugal, les pays de l'Est:
S.A. VANDER
Avenue des Volontaires 321, 1150 Bruxelles (tél.: 02-762-0662)

Didier Calvet

Aidez votre enfant à explorer l'espace de son environnement

Éveillez votre enfant par des contes

LES ÉDITIONS DE L'HOMME *

CANADA: 955, rue Amherst, Montréal H2L 3K4

*Division de Sogides Ltée

Du même auteur

Dans la collection "Mieux vivre avec son enfant":
Le développement psychomoteur du bébé
Découvrez votre enfant par ses jeux

Dans la collection "Éveillez votre enfant par des contes":
Quatre enfants découvrent le monde des adultes
Des enfants découvrent l'agriculture

© 1983 LES ÉDITIONS DE L'HOMME,
DIVISION DE SOGIDES LTÉE

Tous droits réservés

Bibliothèque nationale du Québec
Dépôt légal — 1er trimestre 1983

ISBN 2-7619-0258-0

À Claudine, mon épouse, et à mes trois enfants: Nathalie, 12 ans, Hélène, 9 ans et Stéphanie, 3 ans qui ont contribué à fournir des exemples de la vie quotidienne pour illustrer les principes de ce volume.

Introduction

L'objectif principal de ce volume est d'amener l'enfant à maîtriser les notions spatiales dont il a besoin pour aborder sans difficulté ses premières années de scolarité. Il se joint aux autres volumes de la collection: "Éveillez votre enfant par des contes" auxquels nous nous référerons à l'occasion: *Quatre enfants découvrent le monde des adultes* et *Des enfants découvrent l'agriculture*. Votre enfant pourra ainsi compléter sa lecture, s'il le désire, et obtenir plus d'informations sur certains sujets déjà abordés.

Un livre pour les enfants de 4 ans (et moins) à 84 ans (et plus)

Nous visons principalement les enfants de 4 à 8 ans et les adultes qui gravitent autour d'eux: les parents, les grands-parents, les éducateurs, les enseignants. Nous voulons, comme dans tous les volumes de cette collection, favoriser leur communication en leur fournissant un terrain de rencontre et d'échange: leur savoir et leurs expériences de la vie enfantine.

Un livre pour les enfants

Cet ouvrage a été conçu avant tout pour être regardé et lu par les enfants de 3-4 ans à 8-9 ans. Il se compose de neuf histoires suivies de jeux dans lesquelles se mêlent la fiction et les réalités de la vie quotidienne enfantine autour d'un thème central: l'espace.

Les histoires, abondamment illustrées, aiguisent la curiosité de l'enfant et l'amènent à s'interroger, à chercher à mieux comprendre, à s'informer et à demander de l'aide au besoin.

Les jeux qui accompagnent les histoires sont des expériences à réaliser avec très peu de matériel, généralement une feuille de papier, un crayon et un peu d'imagination. Ces jeux ont tous été pratiqués par des enfants; la plupart ont été inventés par eux. Ils inciteront votre enfant à expérimenter et par là à mieux préciser ou à découvrir les concepts spatiaux qu'ils véhiculent.

L'enfant aime partager ses expériences avec les adultes, plus particulièrement si ces derniers savent s'en tenir à leur rôle de personne-ressource. Il aime pouvoir vérifier, comparer et exprimer ses découvertes avec eux. Il a besoin d'aide lorsqu'il lui manque certaines données pour poursuivre sa démarche. L'adulte peut lui apporter cette aide. C'est pourquoi nous ne saurions trop recommander aux parents particulièrement de lire cet ouvrage avec leur enfant.

Un livre pour les parents

Ce volume a également été conçu pour les parents. Il leur fournit un certain nombre d'explications sur la façon dont les enfants abordent les notions spatiales dans la vie quotidienne. Il les invite souvent à participer à des expériences avec leur enfant et à lui en faire vivre en créant certaines situations de jeux.

Les parents représentent un soutien indispensable pour la lecture des histoires et des jeux. Nous comptons sur eux pour assister l'enfant dès qu'il a un peu de difficulté à lire, même si ce dernier, entre 6 et 9 ans, a fréquenté une première, deuxième, troisième ou quatrième année à l'élémentaire. Si l'enfant est plus jeune, ce support doit être assuré dès la lecture de l'image, en lui posant toutes sortes de questions pour faciliter sa compréhension. De nombreuses suggestions sont faites aux parents pour les orienter dans leur fonction; on les retrouve après chaque histoire, dans une section qui leur est exclusivement réservée.

Un livre pour les enseignants

Ce volume a aussi été conçu pour les enseignants de la maternelle et du primaire. Les nouveaux programmes de français sont orientés de plus en plus vers des activités concrètes et plus particulièrement vers une lecture signifiante pour l'enfant. C'est pourquoi nous avons composé des histoires centrées sur le savoir et le vécu de l'enfant de 4 à 8 ans. Pour les mêmes raisons, nous suggérons des jeux, sortes de travaux pratiques attrayants requérant un matériel peu coûteux et facilement disponible; ainsi, les notions abordées peuvent être traitées de plusieurs manières. Les enseignants savent que chaque enfant a sa façon personnelle d'apprendre et que par conséquent il est important d'offrir à un groupe plusieurs sortes d'activités visant les mêmes objectifs pédagogiques pour que tous puissent accéder au même niveau de connaissance.

À la différence des autres volumes de la collection, les histoires de ce livre ont été écrites suivant deux niveaux de lecture au lieu de trois: le premier, pour les enfants qui ne fréquentent pas encore l'école élémentaire (les images); le deuxième, pour les enfants à partir du niveau de fin de première année (le texte au bas des pages de droite). Dans les autres volumes, le troisième niveau était destiné aux enfants qui fréquentent une troisième ou une quatrième année à l'élémentaire.

11

Notre approche

Les concepts abordés

Nous abordons dans ce volume les concepts spatiaux que l'enfant maîtrise peu à peu, au fur et à mesure qu'il a la possibilité de résoudre des problèmes de plus en plus complexes de la vie quotidienne. Cette capacité est liée aux apprentissages progressifs qu'il fait à la maison, à l'école et dans les situations nouvelles auxquelles nous pouvons largement contribuer en créant un cadre favorable à l'apprentissage.[1]

Jusqu'à ces dernières années, on a centré l'apprentissage des notions spatiales autour de la droite et de la gauche. Les enfants ont dû parfois subir toutes sortes d'exercices scolaires pour mieux reconnaître ces deux notions sur leur corps et sur autrui. Cette polarisation nous a fait oublier, dans certains cas, que les concepts spatiaux touchent à une très grande variété de notions. Si l'on fait un inventaire des notions spatiales que l'adulte utilise dans son langage, on pourra se rendre compte qu'elles sont au nombre de plusieurs centaines.

Des chercheurs, Boehm en particulier[2], ont identifié les concepts qu'un enfant devrait maîtriser pour accéder sans difficulté aux premières années de scolarité. L'expérience nous a montré que les enfants éprouvant des difficultés durant ces premières années avaient des notions floues de ces concepts. Nous nous sommes d'autre part rendu compte qu'il est difficile de hiérarchiser les concepts spatiaux, c'est-à-dire de prétendre que l'un doit être appris avant ou après un autre;

---

1. Dans le volume *Découvrez votre enfant par ses jeux*, nous traitons abondamment de l'importante contribution que les parents et les autres personnes gravitant autour de l'enfant peuvent apporter au développement de ce dernier et particulièrement à ses apprentissages.
2. A. Boehm, *Test of Basic Concepts*, The Psychological Corporation, New York, N.Y., 1962. Traduction française: *Test du concept de base de Boehm*, Éditions du Centre de psychologie appliquée, Paris, 1973.

chaque enfant, en effet, poursuit un cheminement qui lui est propre. C'est pourquoi, au niveau du matériel que nous offrons, nous ne saurions trop vous recommander de ne jamais insister si vous vous rendez compte que votre enfant ne comprend pas. Continuez à travailler sur l'histoire ou l'image en question, mais en abordant d'autres notions qu'il maîtrise déjà.

Le cheminement de l'enfant dans l'acquisition des concepts

L'homme a organisé son environnement; il l'a orienté, structuré et ordonné en fonction de repères. Il peut traduire les concepts en mots qui ont une signification commune pour tous ceux qui les emploient. L'enfant, au cours des premières années, va comprendre peu à peu les données que l'adulte lui fournit grâce à de multiples expériences faisant partie d'une sorte de réaction en chaîne: 1) découverte fortuite et empirique d'un concept grâce à des expériences, le plus souvent corporelles; ce sont des activités psychomotrices qui commencent dès le plus jeune âge et en fonction desquelles on peut déjà stimuler l'enfant[1]; 2) nombreuses vérifications du concept par des expériences de manipulation d'objets; 3) verbalisation du concept et utilisation de celui-ci dans la vie courante; 4) exploitation du concept en vue d'en découvrir d'autres et rationalisation des données qui conduisent l'enfant à une possibilité de synthèse. Il accède alors à un niveau d'abstraction suffisant pour conserver le concept en mémoire. Il n'a plus besoin de le vérifier à nouveau pour l'utiliser.

---

1. *Le développement psychomoteur du bébé*, du même auteur, propose de nombreuses activités de stimulation précoce pour le nouveau-né.

13

Notre démarche

Notre démarche, comme dans les autres volumes de la collection, se base avant tout sur une approche systémique[1]; nous revenons plusieurs fois sur les thèmes traités mais nous les abordons ultérieurement sur des plans différents, en invitant l'enfant à vérifier les concepts et en l'encourageant à percevoir l'analogie entre divers systèmes, biologique et physique par exemple.

Le résultat de la démarche de l'enfant sera considérablement amélioré grâce à l'intervention de l'adulte, à condition que celui-ci se cantonne dans son rôle d'incitateur qui facilite la démarche et enseigne éventuellement lorsqu'un complément d'information est requis pour une meilleure compréhension.

Notre démarche s'inspire des nouveaux programmes d'apprentissage de la langue maternelle. Ces programmes ne sont pas en vigueur seulement dans la francophonie (France, Québec, Belgique, Suisse); on les retrouve entre autres en République fédérale allemande, en Hongrie et en Union soviétique[2]. Ils consistent à fournir à l'enfant une lecture signifiante, c'est-à-dire des textes qui s'inspirent directement de ses expériences psychomotrices, socio-affectives et culturelles.

Nous avons expérimenté et mis au point l'utilisation pédagogique de certaines émissions de télévision[3] avec plu-

1. Pour plus de détails sur cette approche, vous pouvez consulter *Des enfants découvrent l'agriculture*, dans la même collection, et, de Joël de Rosnay: *Le macroscope: vers une vision globale*, Éditions du Seuil, 1975.
2. R. Rigol, *Mother Tongue Education in the Federal Republic of Germany*, communication présentée lors du Ve Congrès de l'A.I.L.A., Montréal, 1978.
   J. Prucha, *Mother Tongue Teaching: A Look at International Scenery*, communication présentée lors du Ve congrès de l'A.I.L.A., Montréal, 1978.
3. Sesame Street, pour les États-Unis.
   Passe-Partout, pour le Québec.

sieurs types d'enfants: surdoués, normaux ou enfants ayant des troubles perceptifs. Nous nous sommes rendu compte que la plupart avaient des difficultés à comprendre certaines séquences de l'émission et à en verbaliser le contenu. Par contre, ces mêmes enfants, et particulièrement les plus jeunes, amélioraient considérablement leur compréhension de l'histoire et leur capacité de s'exprimer verbalement grâce à l'utilisation d'images fixes qu'ils pouvaient toucher et changer à leur rythme, les dialogues étant lus par un adulte à partir d'un texte écrit. Nos recherches nous ont ainsi conduit à accorder beaucoup d'importance à l'image et au texte qui l'accompagne, et plus particulièrement aux liens entre les deux. On remarquera en effet que chaque médium (texte et images) enrichit l'autre à condition que l'auteur se soit fixé cet objectif, ce qui n'est pas toujours le cas dans bien des volumes destinés aux enfants.

Notre démarche est ainsi hautement stimulante et elle respecte le rythme d'apprentissage et d'intégration des données de l'enfant. Il en va de même pour les jeux qui accompagnent les histoires.

Que contient ce volume?

Ce volume se compose de cinq chapitres. Chacun d'eux comprend une histoire, un questionnaire-synthèse permettant d'évaluer si l'enfant a compris ce qu'il a lu (ou ce qu'on l'a aidé à lire), des jeux de mise en situation et un texte destiné aux parents.

1) Les histoires

Les cinq histoires sont basées sur la plupart des concepts maîtrisés par les enfants après quelques années de scolarité.

Nous les avons regroupés empiriquement par ressemblance (grossir, devenir grand par exemple), par opposition (en l'air, en bas par exemple) ou par notion du même type (rond, carré, triangle, losange par exemple). Chacune de ces listes a été utilisée pour bâtir une histoire jouant sur la fiction, la réflexion et l'humour. La grille ci-dessous indique le titre des histoires et les notions spatiales abordées dans chacune.

Titres	Notions spatiales abordées
1. Deux boîtes mystérieuses p. 29	• en l'air, en bas • gros, petit, tout petit • à travers, sur les côtés • grossir, devenir grand
2. Moi j'aime les ballons p. 71	• s'envoler, monter, en haut dans le ciel • rester en bas, rester debout, rester par terre
3. La grosse dame nous a aidés à retrouver notre chemin p. 103	• tout près, près, loin, trop loin • étroit, large • mince, moyen, gros
4. Nous avons rencontré un ami p. 133	• formes, surfaces, rond, carré, triangle, losange
5. Il dort debout p. 169	• debout, couché • penché, courbé • lignes droites, brisées, sinueuses

Nous allons expliquer l'importance de l'image et du texte, des relations entre l'image et le texte et des liens entre les images. Nous formulerons ensuite quelques suggestions sur la façon dont l'adulte peut intervenir pour faciliter la compréhension de l'enfant et pour susciter sa curiosité.

Les images: premier niveau de lecture

Chaque image occupe deux pages. Elles ont été étudiées pour être lues de gauche à droite. Nous avons essayé de représenter le plus souvent possible une sorte de triptyque comprenant: 1) une situation ou un problème; 2) une action modifiant la situation; 3) le résultat de cette action. Dans certains cas, chacun des trois volets est illustré par deux ou trois images.

L'illustration n'a pas ici la seule fonction d'agrémenter le volume et de distraire l'enfant. Elle vise à lui fournir une sorte de texte en images, compréhensible particulièrement pour l'enfant de 3 à 6 ans qui n'a pas encore appris véritablement la signification des symboles arbitraires de notre écriture. Ce premier niveau de lecture (la lecture des images) permet à l'enfant, de même qu'à tout lecteur, d'accéder rapidement à un premier niveau de compréhension de l'histoire.

Le texte d'accompagnement: deuxième niveau de lecture

C'est un dialogue entre les personnages représentés dans l'image. Le texte est généralement court et il comporte un vocabulaire simple. Il peut être lu par un enfant à la fin de sa deuxième année ou en troisième année à l'élémentaire.

Les relations entre le texte et l'image

Les relations entre le texte et l'image sont de même nature que celle entre l'image et le son dans un film ou à la télévision. D'une façon générale, nous pouvons classer ces relations en trois catégories:

• Le son prime sur l'image: certains films et de nombreuses séries télévisuelles pourraient être entendus seulement; l'image ajoute très peu à la compréhension du contenu audiovisuel; il en va de même pour la plupart des volumes, même ceux destinés aux enfants, où l'image sert seulement à distraire le lecteur.

• L'image prime sur le son: d'autres documents audio-visuels, moins nombreux, pourraient être vus sans le son; le bruitage, la musique et même les commentaires ou les dialogues n'apportent sensiblement rien de plus à la compréhension. C'est le cas notamment des films muets accompagnés parfois d'une musique d'ambiance. Il en va de même pour certains livres d'enfants où l'illustration prend une telle importance que le texte, s'il existe, n'apporte rien de plus; il ne fait que décrire l'image.

• Le texte et l'image sont complémentaires et indissociables: quelques documents télévisuels ou filmés allient le son et l'image dans une complémentarité qui enrichit considérablement leur impact sur le spectateur. Notre revue de la littérature enfantine nous a montré que ce type de volume est très rare. Nous essayons de combler cette lacune avec la collection "Éveillez votre enfant par des contes", et plus particulièrement encore avec le présent volume.

Les cinq histoires ont été composées de façon telle que le texte oblige l'enfant à fouiller l'image pour découvrir sans équivoque quel personnage parle, grâce à des indices. L'image oblige l'enfant à s'interroger pour trouver les éléments indispensables à la compréhension de l'histoire; c'est le texte qui les lui apporte.

Cette complémentarité incite l'enfant à une démarche très dynamique et stimulante visant à lui donner envie de lire à son niveau (lecture de l'image seule ou de l'image et du texte concurremment) et à demander de l'aide pour obtenir des réponses à ses interrogations (en se faisant lire le texte écrit par exemple).

Les liens entre les images

Chaque image contient généralement des éléments cocasses qui amènent l'enfant à se poser des questions au sujet desquelles il obtiendra une réponse dans l'image suivante. Ces liens ont été étudiés en vue d'inciter l'enfant à poursuivre sa démarche de lecture et à mieux saisir les liens chronologiques ou logiques dans le déroulement de chaque histoire.

L'intervention de l'adulte

L'adulte présent lors de la lecture peut contribuer à accroître la perception des relations entre l'image et le texte d'une part et les liens entre les images d'autre part. La meilleure façon de procéder nous paraît être celle qui consiste à s'interroger à haute voix à partir de la grille suivante:

Quoi?   — quels sont les éléments de l'image?
           — que se passe-t-il?
           (Il s'agit d'une description des éléments qui figurent dans l'image, sans faire véritablement de liens entre eux.)

Qui?   — qui est là?
           — qui intervient? (ou qui n'intervient pas?)
           (Il s'agit d'énumérer les personnages en essayant de situer le groupe auquel ils appartiennent; par exemple, c'est un garçon, une fille, un personnage comme un pantin fait de ronds et de carrés, un chat.)

19

Où?	— à quel endroit? (dedans, dehors?) — quels sont les éléments qui précisent le lieu? (Il s'agit de préciser le lieu et d'en situer l'importance par rapport au déroulement des événements de l'histoire.)
Quand?	— à quel moment? (le jour, la nuit? l'été, l'hiver?) — quels sont les éléments qui précisent le temps? — quels sont les éléments ou les facteurs temporels qui modifient la situation? (Il s'agit de préciser le cadre temporel de la situation et de déceler les indices temporels qui interviennent dans l'évolution de cette situation; par exemple, les ballons qui diminuent de volume au cours de la nuit, page 85.)
Comment?	— de quelle façon interviennent les personnages pour modifier la situation présente? (Il s'agit de bien montrer à l'enfant, s'il ne s'en est pas aperçu lui-même, comment certains personnages ou des facteurs d'ordre physique ont pu intervenir dans l'évolution de la situation.)
Pourquoi?	— pourquoi y a-t-il une modification (ou pas) de la situation de départ? — pourquoi les intervenants ont-ils agi ainsi? (Il s'agit de faire un retour sur l'histoire et d'opérer une sorte de synthèse pour en dégager les éléments essentiels.)

Votre enfant aura sûrement un très grand plaisir à répondre à toutes ces questions car elles vont l'inciter à fouiller davantage l'image et à analyser plus en profondeur le sens du texte qui l'accompagne, ce qui lui permettra de mieux comprendre l'histoire.

La lecture terminée, nous vous suggérons de faire un retour sur l'histoire et d'en déterminer la vraisemblance ou l'invraisemblance:

— est-ce que cela t'est déjà arrivé à toi?

— est-ce possible?

— est-ce ainsi que les choses se passent dans la réalité?

— qu'est-ce qui te fait dire que c'est possible?

— qu'est-ce qui te fait dire que c'est impossible?

Les images peuvent ensuite servir de matériel concret pour aborder les notions spatiales spécifiques que votre enfant a eu de la difficulté à maîtriser; nous y reviendrons après chaque histoire.

2) Les questionnaires-synthèses

Chaque histoire est suivie d'un questionnaire-synthèse permettant à l'enfant de savoir s'il a bien dégagé les éléments nécessaires à une bonne compréhension de l'histoire.

La page qui suit le questionnaire réunit toutes les illustrations de l'histoire sans le texte. Leur disposition permet à l'enfant de les lire comme une bande dessinée et de mieux percevoir ainsi soit la chronologie des événements, soit les liens logiques entre les images, soit les deux.

3) Les jeux de mise en situation

Ces jeux ont pour but de mettre en pratique les notions spatiales abordées dans les histoires. Les concepts spatiaux sont exploités à différents niveaux grâce à cinq types d'activités: activités verbales, psychomotrices, graphiques, manuelles et jeux de société.

Activités verbales

Elles utilisent les notions spatiales verbalement, en distinguant généralement des concepts opposés (debout, couché par exemple) et en faisant l'inventaire d'éléments (ou d'objets, de personnes) regroupés dans l'une et l'autre des notions abordées.

Activités psychomotrices

Elles amènent l'enfant à percevoir les notions spatiales au moyen d'expériences corporelles. Elles sont souvent couplées avec des activités verbales. Elles peuvent se pratiquer individuellement ou en groupe.

Activités graphiques

Elles transposent les notions spatiales au niveau graphique. Elles exigent un niveau d'abstraction plus élevé ainsi qu'une plus grande précision dans les gestes et les mouvements que les jeux regroupés dans les activités psychomotrices. Elles sont tout indiquées pour préparer ou améliorer l'écriture de votre enfant.

Activités manuelles

Elles exploitent les notions spatiales en les intégrant dans la confection d'objets de toutes sortes, le plus souvent à partir d'activités graphiques.

Jeux de société

Ils intègrent les notions spatiales, d'abord dans la fabrication de jeux de société, puis dans l'utilisation de ces jeux. Certains peuvent se pratiquer à deux, d'autres à plusieurs.

Le tableau suivant classe les jeux accompagnant les histoires selon les cinq types définis. Il indique l'âge approximatif à partir duquel les enfants peuvent les pratiquer et s'il est préférable d'y jouer à l'intérieur ou à l'extérieur. Précisons cependant que tous les jeux d'intérieur peuvent se pratiquer aussi à l'extérieur, par beau temps, à condition de préparer le matériel nécessaire à cet effet.

Type d'activité	Numéro de l'histoire	Concept	Titre du jeu	Âge suggéré	Activité d'intérieur	Activité d'extérieur	Page
Activités verbales	1	• en l'air, en bas	En avion	4 ans	X		56
			Le serpent	4 ans	X		56
			Debout	4 ans	X	X	57
			En bas, en l'air?	4 ans	X		57
		• gros, petit, tout petit	Petit ou gros?	4 ans	X		60
			Trois têtes	5 ans	X		61
		• à travers, sur les côtés	Une gravure	4 ans	X		63
		• grossir, devenir grand	Tu deviendras grand	6 ans	X	X	64
	2	• monter, en haut, dans le ciel	L'avion décolle	6 ans	X		93
	3	• étroit, large	La traversée des rivières	7 ans	X		127
		• mince, moyen, gros	Gros, mince	6 ans	X		129
	4	• formes, surfaces, rond, carré, triangle, losange	Formes et surfaces	5 ans	X		154
			Carrés et rectangles	6 ans	X		154
			Les formes dans la maison	5 ans	X		155

			Âge			Page
Activités psychomotrices	5	• debout, couché	Debout, couché	5 ans	X		190
			Jean dit	4 ans	X		190
	1	• en l'air, en bas	En avion	4 ans	X		56
			Le serpent	4 ans	X		56
			Lancer le ballon, en l'air, en bas	5 ans	X		58
		• gros, petit, tout petit	Des boîtes comme ballons	5 ans	X	X	60
		• à travers, sur les côtés	À travers un mur	4 ans		X	62
	2	• s'envoler	Je m'envole	4 ans	X		92
		• monter, en haut, dans le ciel	En haut dans le ciel	4 ans	X		92
			Dans un ascenseur	4 ans	X		92
		• rester en bas, rester debout, rester par terre	Rester debout	6 ans	X		96
			Rester par terre	5 ans	X		96
	3	• tout près, près, loin, trop loin	Une automobile passe	4 ans	X	X	124
			Colin-maillard	5 ans	X	X	125
			La balle dans le seau	7 ans			125
	4	• formes, surfaces, rond, carré, triangle, losange	Une maison manquante	6 ans		X	160
	5	• debout, couché	Jean dit	4 ans	X		190

	• grossir, devenir grand	Pousse, tu deviendras grande	5 ans	X	64
2	• s'envoler, monter, en haut, dans le ciel	L'ascenceur	6 ans	X	93
	• rester en bas, rester en haut, rester par terre	Une fusée	7 ans	X	94
		La chute en cascade	7 ans	X	96
		L'ascenseur "descenseur"	7 ans	X	97
3	• étroit, large	Un tapis	5 ans	X	126
4	• formes, surfaces, rond, carré, triangle, losange	Des guirlandes de ronds et de carrés	5 ans	X	157
		L'étoile de triangles	7 ans	X	160
		Casse-tête de triangles	5 ans	X	162
		Casse-tête de losanges	6 ans	X	163
5	• debout, couché	Concours de dessins	7 ans	X	191
	• penché, courbé	Un aquarium	7 ans	X	191
	• ligne droite, brisée, sinueuse	Un cadre	7 ans	X	199

Jeux de société

1	• grossir, devenir grand	Un jeu de cartes	5 ans	X	65
3	• étroit, large	La traversée des rivières	7 ans	X	127
4	• formes, surfaces, rond, carré, triangle, losange	Jeux des familles de carrés	7 ans	X	158

4) Le texte destiné aux adultes

À la fin de chaque chapitre, le texte destiné aux adultes définit les objectifs visés par l'histoire et les jeux. Il précise dans certains cas le contexte dans lequel certains jeux pourraient se pratiquer. Il suggère certaines activités à intégrer à la vie quotidienne de l'enfant pour lui faire davantage préciser ou exploiter les notions spatiales abordées.

Les objectifs pédagogiques du volume

Le but principal de ce volume est d'augmenter le niveau de compréhension et d'utilisation des concepts spatiaux chez l'enfant. Les objectifs pédagogiques qui nous permettront d'y parvenir sont les suivants:

1) Encourager l'enfant à accéder rapidement à un niveau de lecture supérieur à celui auquel il est parvenu jusqu'à présent.

2) L'amener à faire des liens logiques et chronologiques entre les différents moments du récit de chaque histoire.

3) Aiguiser sa curiosité et l'inciter à adopter une démarche critique face à un problème.

4) Lui permettre d'analyser les facteurs nécessaires à la compréhension des histoires à l'aide des jeux questionnaires.

5) Lui faire vivre des expériences correspondant à son niveau, en rapport avec les histoires qu'il aura lues préalablement et à l'aide des jeux.

1. Deux boîtes mystérieuses

Une boîte en l'air, ce n'est pas possible!

Une boîte! Non, deux boîtes!
Elles sont différentes: qu'est-ce qui est différent?
                        qu'est-ce qui n'est pas pareil?
Il y en a une petite et une grosse.
Il y en a une qui vole et une qui ne vole pas.

34

Si je faisais des trous sur les côtés de la grosse boîte!
Maintenant elle est comme un dé à jouer.
Mais non! ce n'est pas un dé à jouer.

C'est un cadeau... pour toi.
Je t'ai préparé une surprise.
Est-ce qu'on l'ouvre?

Oh! un chat!
Non, deux!

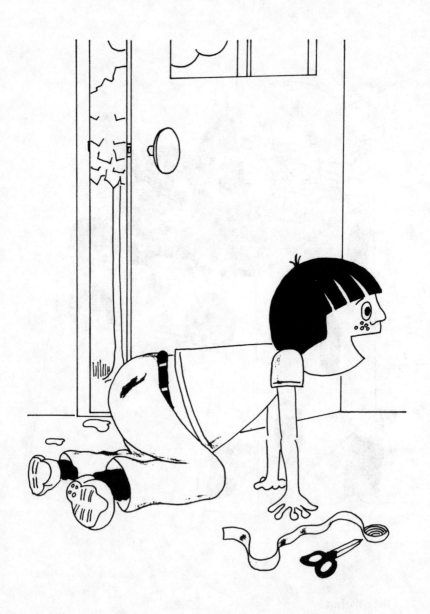

Un gros, c'est la maman Mimi,
et un petit, c'est son bébé Minou.
Et l'autre boîte, la petite,
qu'y a-t-il dedans?

Dans la petite boîte il y a des ballons.
Papa les a gonflés.
Maintenant le gros ballon a un gros nez, une grosse bouche et deux gros yeux; le petit a un petit nez, une petite
bouche et deux petits yeux.

44

Quand papa a gonflé les ballons,
le nez, la bouche et les yeux ont grossi.
Le petit chat Minou va grossir lui aussi; il va devenir
grand.

**Mais maintenant Minou est tout petit; il aime jouer.
Je crois qu'il va faire des bêtises!**

Minou le bébé a griffé le ballon. Boum! il éclate.
Mimi sa maman a eu peur; elle veut attraper Minou.
Elle monte sur la boîte mais Crac! le couvercle se déchire.
Que va-t-il se passer?

— Coucou, je suis là, en haut de la boîte; qui suis-je?
— Et moi en bas; je te vois à travers la boîte.
  Qui es-tu au-dessus de la boîte?
— Je suis le ballon que tu n'as pas fait éclater.

Jeu questionnaire

1. D'où viennent les deux boîtes?
2. Qu'est-ce qui est différent entre les deux boîtes?
3. Qu'y a-t-il dans la grosse boîte?
4. Qu'y a-t-il dans la petite boîte?
5. Pourrais-tu dire quelle ressemblance existe entre les chats et les ballons?
6. Comment les ballons ont-il grossi?
7. Comment Minou, le petit chat, va-t-il grandir?
8. Quelle bêtise Minou va-t-il faire?
9. Qu'arrive-t-il à Minou et à Mimi quand Minou fait éclater le ballon?
10. Que voit le petit ballon en regardant dans la grosse boîte, dans la 11e image?

Veux-tu jouer?

Serais-tu capable d'expliquer à un adulte ce que veulent dire les mots suivants:

	Expliqué	Date	Âge
En l'air			
En bas			
Gros			
Petit			
Tout petit			
À travers			
Sur les côtés			
Grossir			
Devenir grand			

Rappelle-toi que la meilleure façon d'expliquer ces mots est de donner des exemples. Il ne s'agit pas de répéter par coeur ce qui est écrit dans un dictionnaire. Faire des gestes ne suffit pas non plus. Il faut les expliquer avec des mots. Si tu y es parvenu, fais une croix sous "Expliqué". Sinon, attends encore quelques semaines ou quelques mois.

Ces mots seront souvent utilisés dans les jeux suivants. Tu pourras ainsi mieux les comprendre et mettre bientôt une croix devant chacun dans la grille, en précisant à quelle date et à quel âge tu les as expliqués.

En l'air, en bas

PREMIER JEU (à partir de 4 ans)

En avion

Tu installes une chaise et tu places des objets tout autour sur le sol.

Tu montes sur la chaise, puis tu regardes en bas.

Quels objets vois-tu en bas de la chaise? Ferme tes yeux et essaie à présent de te rappeler les objets que tu viens de voir.

Saute en bas de la chaise. Attention de ne pas tomber.

DEUXIÈME JEU (à partir de 4 ans)

Le serpent

Tu te couches sur le sol et tu regardes en l'air. Que vois-tu dans le ciel ou au plafond?

Si ce que tu vois en l'air est le plafond, c'est que tu es dedans la maison. Que vois-tu au plafond? Ou que pourrais-tu y voir?

Si ce que tu vois est dans le ciel, c'est que tu es dehors. Que vois-tu dans le ciel? Ou que pourrais-tu y voir?

TROISIÈME JEU (à partir de 4 ans)

Debout

Si tu es debout:
— pour voir ce qui est en l'air
— pour voir ce qui est en bas

EST-CE QU'IL FAUT	
lever les yeux *ou* baisser les yeux	

Fais une croix dans la case qui correspond à la bonne réponse.

QUATRIÈME JEU (à partir de 4 ans)

En bas ou en l'air?

Voici quelques objets ou des parties de ton corps. Sont-ils habituellement en bas ou en l'air?
— un avion qui vole
— tes pieds
— des nuages
— une fourmi qui court sur le plancher
— la lune
— des oiseaux qui passent dans le ciel

En bas	En l'air

Fais une croix dans la case qui correspond à la bonne réponse.

CINQUIÈME JEU (à partir de 5 ans)

Lancer le ballon en bas, en l'air

Tu as besoin d'un ballon. Vous devez être deux ou plus pour jouer.

Tu envoies le ballon en l'air ou en bas selon que ton ami te demande de le lancer en l'air ou en bas.

Au début, vous laissez un espace de 2 mètres entre chacun d'entre vous, puis vous agrandissez l'espace. Si vous êtes plus de 2, vous vous mettez en cercle.

SIXIÈME JEU (à partir de 5 ans)

Ça va en bas, ça va en l'air

Tu prends une feuille de papier et tu la places dans le sens indiqué sur le dessin. Tu traces une ligne couchée au milieu.

Tu fais un dessin:

— au-dessus de la ligne, tu représentes ce qui peut être en l'air, comme des avions, des oiseaux, des nuages, le soleil, la lune, les étoiles ou autre chose;

— au-dessous de la ligne ou sur celle-ci, tu dessines tout ce qui peut être en bas, sur le sol.

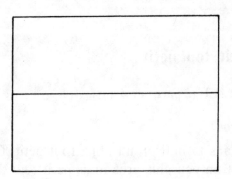

SEPTIÈME JEU (à partir de 5 ans)

Des mobiles

Tu as besoin de papier de couleur, de crayons, de ciseaux et de ficelle.

Tu dessines des cercles. Tu peux te servir d'un verre que tu poses sur ta feuille de papier, puis tu en dessines le contour. Tu découpes ensuite le cercle.

Tu fabriques des carrés. Pour cela, tu peux prendre une feuille de 21 x 27 cm (8 1/2 x 11 pouces). Tu la plies en deux, une première fois, puis encore en deux dans l'autre sens, et tu découpes sur les pliures. Tu obtiens ainsi quatre formes presque carrées.

Si tu n'as pas de papier de couleur, colore toutes tes formes, puis perce un trou dans chacune d'elles. Ensuite, tu enfiles une ficelle et tu fais un noeud.

Tes mobiles sont prêts à être accrochés en l'air, au plafond, avec un papier collant.

Si tu veux fabriquer un mobile plus compliqué, lis *Des enfants découvrent l'agriculture*, page 180.

Gros, petit, tout petit

PREMIER JEU (à partir de 4 ans)

Petit ou gros?

Cherche dans ta maison un objet tout petit. Cherche un autre objet un peu plus gros mais petit tout de même et place-le à côté du premier.

À présent, tu en cherches un gros et tu le déposes à côté des deux autres.

Attention, es-tu prêt? Dis-moi, sans le montrer avec le doigt:

— quel est le gros?

— quel est le petit?

— quel est le tout petit?

DEUXIÈME JEU (à partir de 5 ans)

Des boîtes comme ballons

Demande à un adulte de te procurer une grosse boîte, une petite et une toute petite, avec leur couvercle. Ces boîtes doivent être fermées. Elles vont servir de ballons.

Demande à un adulte de te lancer, le mieux possible, chaque boîte. Pour cela, vous vous placez à un mètre environ et on te lance la boîte que tu demandes: "Je veux la toute petite boîte" ou "Je veux la petite" ou "Je veux la grosse".
Tu peux recommencer ce jeu avec un de tes amis.

TROISIÈME JEU (à partir de 5 ans)

3 têtes
Tu as besoin de papier, de crayons de couleur et de colle.
Tu prends une feuille de papier blanc de 21 x 27 cm.
Tu traces un cercle le plus grand possible.
Tu traces un deuxième cercle plus petit à l'intérieur du premier, puis un troisième et enfin un quatrième, toujours à l'intérieur. Tu obtiens ainsi plusieurs anneaux l'un dans l'autre.
Tu colores d'une couleur différente chacun des anneaux.
Tu découpes tous les cercles que tu as dessinés. Attention, pour découper chaque cercle tu dois d'abord faire un trou pour laisser passer les ciseaux.
Tu colles les cercles sur trois feuilles différentes. Tu dessines avec un crayon de couleur tout ce qu'il faut pour obtenir un visage.
Tu n'as sûrement pas oublié: les yeux, le nez, la bouche, les oreilles, les cheveux.
As-tu pensé aux sourcils, aux dents? Tu peux aussi colorier les joues, le menton, le front.
Voilà donc à présent trois visages: un gros, un petit et un tout petit.

61

Qui as-tu dessiné? Tu peux ajouter certains détails comme de la barbe, des lunettes, des cheveux longs, des nattes ou une queue de cheval pour mieux représenter la personne dont tu veux faire le portrait.

À travers, sur les côtés

PREMIER JEU (à partir de 4 ans)

À travers un mur

Tu as besoin de papier journal et de ruban adhésif. Ce jeu se pratique à trois.

Vous collez deux feuilles de journal de façon à former une grande bande de papier.

Deux personnes tiennent la bande de chaque côté pour en faire une sorte de muraille.

Le troisième joueur se prépare à foncer dedans pour passer à travers. "Une, deux, trois, vas-y!"

Cela fait un peu peur de foncer ainsi sur un mur, même si l'on sait qu'il est en papier. Recommencez plusieurs fois; vous allez trouver ce jeu très amusant.

DEUXIÈME JEU (à partir de 6 ans)

Une gravure

Tu as besoin d'une aiguille à tricoter et d'une feuille de papier blanc ou de couleur ou encore d'une feuille de papier aluminium.

Tu fais un dessin avec un crayon sur ta feuille.

Tu poses ta feuille sur ton lit, puis tu fais des trous sur les lignes de ton dessin, en passant ton aiguille à travers la feuille. Tu espaces les trous le plus régulièrement possible.

Tu retournes ta feuille et tu obtiens une gravure originale.

Si tu as choisi de prendre une feuille de papier aluminium, tu peux la coller sur un carton. Ce sera plus beau et plus solide.

TROISIÈME JEU (à partir de 5 ans)

Un cadre

Tu as besoin de papier ou de carton, de ciseaux, de colle, de peinture ou de crayons de couleur.

Tu peux reprendre ta gravure du deuxième jeu ou utiliser un autre dessin.

Tu découpes quatre bandes de papier plus longues que ta gravure.

Tu retournes ton dessin et tu colles tes bandes sur les côtés, en les laissant dépasser de ton dessin. Tu as ainsi fabriqué un carré pour ta gravure. Tu n'as plus qu'à le percer de deux trous sur le haut et à enfiler une ficelle ou de la laine de couleur pour ensuite l'accrocher au mur de ta chambre.

PREMIER JEU (à partir de 6 ans)

Tu deviendras grand

Tu te mets devant un miroir dans lequel tu peux te voir en entier. Tu demandes à un adulte de se mettre derrière toi.

Qui est le plus grand? Toi aussi tu deviendras grand comme lui.

Quand on devient grand, on grossit aussi. Tu te mets sur une balance et tu demandes à l'adulte de faire de même. Qui pèse le plus?

DEUXIÈME JEU (à partir de 5 ans)

Pousse, tu deviendras grande

As-tu déjà vu des plantes pousser? On voit d'abord une graine, puis une petite tige et une racine qui pousse. Peu à peu, la plante devient grande.

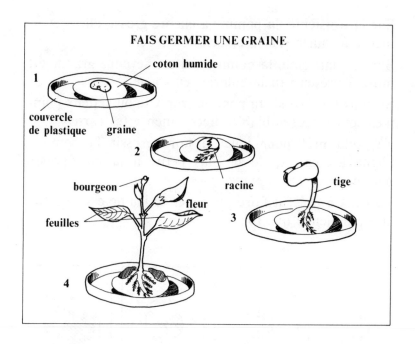

FAIS GERMER UNE GRAINE

coton humide

1

couvercle
de plastique   graine

2

bourgeon

fleur

feuilles

racine

tige

3

4

TROISIÈME JEU (à partir de 5 ans)

Un jeu de cartes

Tu as besoin d'une feuille de papier, de crayons de couleur et d'une paire de ciseaux.

Plie en deux une feuille de 21 x 27 cm, puis plie-la encore en deux dans l'autre sens.

Ouvre la feuille et découpe sur les pliures. Tu obtiens ainsi quatre cartes.

Sur la première carte, tu dessines une toute petite pomme verte; elle n'est pas mûre.

Sur la deuxième, la même pomme a grossi; tu la colories en vert.

Sur la troisième, la pomme a encore grossi; elle a commencé à mûrir. Tu la colories en rose.

Sur la quatrième, la pomme qui est devenue grande est mûre à présent; tu la colories en rouge.

Si tu as fait grossir ta pomme trop vite ou si deux pommes sont trop semblables, recommence tes cartes.

Te voilà prêt pour jouer à faire grossir la pomme: aligne tes cartes, de la plus petite à la plus grosse pomme.

Tu peux à présent faire pratiquer ce jeu de cartes à ton ami plus jeune que toi.

Pour les adultes

Comment aider votre enfant à comprendre et à exploiter l'histoire

Les notions spatiales

L'histoire aborde des concepts de position et de taille:

— positions statiques en fonction d'un point d'origine, d'une surface ou d'un volume: à travers, sur les côtés;
— positions statiques suivant un axe vertical: en l'air, en bas;
— tailles statiques: gros, petit, tout petit;
— tailles dynamiques: grossir, devenir grand.

Nous vous suggérons de faire remplir à votre enfant le questionnaire de la page 55 avant de lire l'histoire. Ce questionnaire vous permettra d'évaluer s'il connaît bien les notions abordées. Vous pourrez ainsi approfondir davantage les notions qu'il connaît mal au cours de la lecture de l'histoire ou après.

Les images et le texte

Dans les lignes qui suivent, nous vous suggérons certaines interventions. Nous vous laissons le soin de tenir compte de celles qui correspondent le mieux à votre enfant, en fonction de son âge et de sa capacité d'analyser les éléments des images et les textes pour en arriver à un bon niveau de compréhension.

Dans la première image, réalité et fiction se mêlent: un paysage assez réaliste mais une boîte dans le ciel qui semble voler. Plusieurs personnages convergent vers cette boîte (l'oiseau, les animaux, le soleil). Elle est l'objet central, le sujet d'interrogation. Il serait intéressant de faire percevoir ces aspects à votre enfant en commentant avec lui sous la forme interrogative: "As-tu vu...?", "Qu'en penses-tu?"...

Le soleil et certains animaux représentent, comme dans d'autres illustrations de notre volume, des témoins de la scène.

Dans la deuxième image, le plan s'est déplacé vers la droite, ce qui permet de voir une deuxième boîte; la première vole comme l'oiseau (analogie à faire remarquer à votre enfant s'il ne l'a pas saisie) alors que l'autre est à terre.

La maison crée le lien avec la troisième image où la scène se déroule à l'intérieur. Avant de lire le texte, vous pouvez faire découvrir à votre enfant ce que fait le personnage et à quoi ressemble la boîte à présent.

La quatrième image et son texte posent une interrogation: qu'y a-t-il dans la boîte? Vous pouvez suggérer à votre enfant d'émettre plusieurs hypothèses avant d'obtenir la réponse dans la cinquième image.

Dans les images 5 et 6, tout converge vers les deux chats. Le texte nous prépare à la suite: qu'y a-t-il dans la petite boîte?

La septième image vise à expliquer ce qui relie les boîtes, les chats et les ballons: c'est leur taille (gros, petit); il en va de même dans la huitième image, avec un retour sur la chronologie des événements et une notion dynamique des tailles: grandir, grossir.

La neuvième image nous prépare à un événement que l'enfant peut deviner aisément. Dans la dixième, l'événement attendu survient. Un autre, inattendu celui-là, se déroule sous nos yeux: l'éventration de la grosse boîte dont nous pouvons imaginer les conséquences. Ces conséquences sont illustrées dans la dernière image.

Les deux enfants, visibles par la fenêtre, préparent le lecteur à la deuxième histoire: ils seront en effet les deux principaux intervenants.

Cette analyse de l'image et des textes laisse entrevoir une multitude de questions que nous vous invitons à poser, à susciter et à laisser découvrir par votre enfant. À lui de trouver la réponse par la lecture des images et des textes qui les accompagnent.

La dimension socio-affective

Nous avons voulu aborder ce caractère altruiste de la plupart des enfants: "Je t'ai préparé un cadeau". C'est un thème que vous pouvez exploiter avec votre enfant.

Le ballon a une dimension affective non négligeable chez l'enfant. Dans notre histoire, le gros ballon est détruit par un bébé chat qui veut jouer. Cela peut être un point de départ pour discuter avec votre enfant des conséquences parfois fâcheuses d'un acte gratuit ou accidentel.

Comment exploiter les jeux
avec votre enfant

Les jeux des pages 56 à 60 abordent les notions: en l'air et en bas. Les quatre premiers s'adressent à de jeunes enfants afin de leur faire prendre conscience de ces notions sous forme d'activités essentiellement verbales. Les cinquième, sixième et septième jeux sont des activités psychomotrices, graphiques et manuelles (voir la classification par type d'activité, pages 24 à 77). Nous vous invitons à lire le protocole des jeux consigne par consigne, pour que votre enfant puisse accomplir l'activité étape par étape.

Les jeux des pages 60 et 62 abordent les notions: gros, petit et tout petit. Le troisième jeu peut présenter quelques difficultés pour amorcer le découpage des cercles si votre enfant n'a pas encore 6 ans. Vous pouvez lui montrer comment s'y prendre, en découper un, puis le laisser poursuivre.

Les jeux des pages 62 et 64 abordent les notions: à travers et sur les côtés. Les enfants aiment beaucoup le premier jeu, jusqu'à l'âge de 8-9 ans. Vous pouvez suggérer aux plus grands de fabriquer une muraille plus grande et, s'ils sont en groupe, de faire une course pour l'atteindre. Les deux jeux suivants sont des activités manuelles dont le produit peut servir à décorer la chambre de votre enfant ou être offert en cadeau.

Les jeux des pages 64 et 66 abordent les notions: grossir et devenir grand. Le deuxième jeu montre une graine qui devient une plante. Si votre enfant souhaite réaliser cette expérience, il peut trouver des explications sur la façon de procéder dans le volume de la même collection: *Des enfants découvrent l'agriculture*, à la page 42. Le troisième jeu consiste à fabriquer un objet qui peut ensuite être utilisé par l'enfant pour jouer ou pour faire jouer d'autres enfants. Dans le livre, nous retrouvons plusieurs jeux ayant la même fonction. Le matériel peut être fabriqué par un enfant de 7 à 8 ans, mais il peut être utilisé, une fois terminé, par un plus jeune (4 à 6 ans) pour exploiter les mêmes notions (dans ce cas: grossir, grandir, diminuer, rapetisser).

2. Moi j'aime les ballons

— **Aimes-tu les ballons?**

— Je t'en donne un mais attention, il s'envole si tu ne le
tiens pas.
Il monte en l'air, très haut dans le ciel.

— Moi j'aime les ballons quand ils s'envolent.
Ils montent dans le ciel; ils deviennent de plus en plus
petits et puis... disparus!... on ne les voit plus.

— Ah non! moi j'aime les attacher à mon poignet.
Ils restent en bas. Je les vois toujours et je joue toujours
avec eux, tous les jours, tous les mois, tout le temps.

— J'aimerais m'envoler comme eux pour les garder avec moi.

— Si un oiseau pique tes ballons, Boum! tu vas tomber par terre.

— J'ai une idée. Tu vas voir; allons à la maison.

— Elle est bonne ton idée. Les ballons vont en l'air; ils volent jusqu'au plafond mais tu peux les attraper.
— Venez les enfants; allez vous coucher; laissez les ballons.
Vous jouerez demain.

Tout le monde dort; les ballons s'endorment aussi. Nos amis auront une surprise demain. Ils verront ce qui arrive à leurs ballons.

— Ils sont tout petits; ils ne montent plus en l'air; on dirait des petites boules!

— Ça ne fait rien, le clown reviendra un jour; il nous en donnera d'autres.

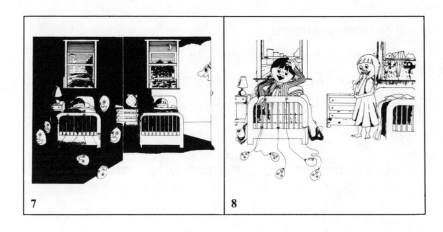

Jeu questionnaire

1. Que fait le clown dans la 2e image?
2. Pourquoi a-t-il seulement 4 ballons dans les mains dans la 4e image?
3. Comment le garçon préfère-t-il jouer avec le ballon?
4. Comment la petite fille préfère-t-elle jouer?
5. Qu'est-ce que les oiseaux risquent de faire dans la 5e image?
6. Penses-tu que tout ce qui s'élève dans la 5e image peut réellement voler?
   Qu'est-ce qui te paraît impossible?
7. Quelle solution les enfants ont-ils trouvée pour que leurs ballons ne s'envolent pas dans le ciel?
8. Qu'est-ce qui te fait dire que la 7e image représente la nuit?
9. À quel moment de la journée est-on dans la 8e image?
10. Qu'arrive-t-il aux ballons durant la nuit?

Veux-tu jouer?

Serais-tu capable d'expliquer à un adulte ce que veulent dire les mots suivants:

	Expliqué	Date	Âge
S'envoler			
Monter			
En haut dans le ciel			
Rester en bas			
Rester debout			
Rester par terre			

Rappelle-toi que la meilleure façon d'expliquer ces mots est de donner des exemples. Il ne s'agit pas de répéter par coeur ce qui est écrit dans un dictionnaire. Faire des gestes ne suffit pas non plus. Il faut les expliquer avec des mots. Si tu y es parvenu, fais une croix devant "Expliqué". Sinon, attends encore quelques semaines ou quelques mois.

Ces mots seront souvent utilisés dans les jeux suivants. Tu pourras ainsi mieux les comprendre et mettre bientôt une croix devant chacun dans la grille, en précisant à quelle date et à quel âge tu les as expliqués.

S'envoler, monter, en haut, dans le ciel

PREMIER JEU (à partir de 4 ans)

Je m'envole

Souvent, les oiseaux s'envolent à partir d'une branche d'arbre ou d'un endroit en hauteur pour prendre leur élan. As-tu déjà essayé de faire comme eux?

Tu te mets sur la première marche d'un escalier et tu sautes le plus haut et le plus loin possible, comme si tu t'envolais. Si tu n'as pas eu de difficulté, essaie sur la deuxième marche. La troisième, la quatrième et la cinquième marches peuvent présenter un danger; demande conseil à un adulte et exige sa présence.

DEUXIÈME JEU (à partir de 4 ans)

En haut dans le ciel

As-tu déjà demandé à un adulte de te soulever le plus haut possible? Il y a trois façons de t'y prendre.

Tu te mets devant la personne qui va te soulever, en regardant dans la même direction qu'elle, puis elle t'élève haut dans le ciel en te tenant soit sous les bras, soit par les coudes, soit par les poings fermés. Cette dernière façon exige beaucoup de force mais tu iras plus haut; il te faut coller tes bras contre ton corps pour qu'ils ne plient pas.

TROISIÈME JEU (à partir de 4 ans)

Dans un ascenseur

Es-tu déjà monté dans un ascenseur? Dès que tu en auras l'occasion, fais cette expérience:

Tu fermes les yeux, puis tu demandes à quelqu'un d'appuyer sur le bouton pour monter. Tu vas te sentir très lourd tout à coup.

Pour descendre, tu fais la même expérience. Tu vas te sentir très léger. Tu auras l'impression que tu t'envoles.

QUATRIÈME JEU (à partir de 6 ans)

L'avion décolle

Sais-tu dessiner un avion? Entraîne-toi. Lorsque tu es prêt, fais une ligne au bas d'une feuille pour indiquer le sol ou le terrain d'atterrissage; au-dessus, ce sera le ciel. À présent, fais décoller l'avion que tu as dessiné. Tu le découpes et tu le poses sur ta feuille de façon à ce qu'il monte dans le ciel. Il décolle, il s'envole.

Tu peux le faire voler dans le ciel, puis le faire atterrir doucement sur la piste: "Attention, messieurs les passagers, nous allons atterrir; nous voilà arrivés, les roues touchent le sol".

Pour plus d'informations sur les vols en avion, tu peux lire *Quatre enfants découvrent le monde des adultes*, à la page 177.

CINQUIÈME JEU (à partir de 6 ans)

L'ascenseur

Tu as besoin d'une boîte à chaussures et d'une ficelle de 1,50 mètre environ. Tu mets ta boîte debout et tu fixes la ficelle au milieu, en haut.

Tu passes ta ficelle autour d'une poignée de porte et ton ascenseur est prêt à fonctionner. Tu tires sur la corde, ton ascenseur monte.

Tu peux à présent mettre une table basse près de la porte. Tu pourras ainsi faire monter et descendre des objets entre le sol et la table. On peut dire que le sol est le rez-de-chaussée de la maison et le dessus de la table, le premier étage.

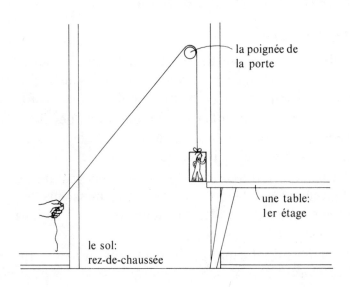

la poignée de la porte

une table: 1er étage

le sol: rez-de-chaussée

SIXIÈME JEU (à partir de 7 ans)

Une fusée

Veux-tu une fusée? Tu prends une feuille de papier de 21 x 27 cm. Demande à un adulte de t'aider pour fabriquer ta première fusée.

Tu plies ta feuille en deux dans le sens de la longueur. (1)

Tu rabats deux coins, sur le milieu de la feuille. (2)

Tu rabats les bords déjà pliés sur le milieu de la feuille. (3)

Tu plies ta fusée en deux dans le sens de la longueur. (4)

Tu plies en deux les deux bords qui vont devenir les ailes. (5)

Ta fusée est prête; tu n'as plus qu'à la lancer pour qu'elle s'envole. Pour bien l'envoyer en l'air, tu la prends entre le pouce et l'index à l'endroit indiqué sur le dessin no 6, sinon elle risque de mal s'envoler et de s'abîmer en piquant du nez.

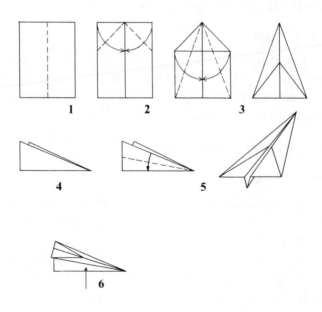

Rester en bas, rester debout, tomber par terre

PREMIER JEU (à partir de 6 ans)

Rester debout

Ce jeu se joue à deux; il consiste à rester debout le plus longtemps possible. Les deux partenaires se mettent l'un en face de l'autre, les pieds sur une ligne. Ils se donnent la main, comme pour se dire bonjour, et au signal ils essaient de se faire tomber. Le pied de derrière peut bouger mais celui de devant doit rester cloué au sol. La main libre doit être placée dans le dos.

DEUXIÈME JEU (à partir de 5 ans)

Rester par terre

Ce jeu se pratique à deux; il consiste à essayer de lever un ami qui veut rester par terre, couché sur le dos. C'est un jeu sans gagnant ni perdant. Vous pouvez inverser les rôles au bout d'un moment.

TROISIÈME JEU (à partir de 7 ans)

La chute en cascade

Tu as besoin de dominos ou de blocs de bois qui puissent rester debout sur la tranche mais qui tombent facilement si on les touche.

Tu places deux blocs l'un à côté de l'autre de façon à ce que, lorsque tu en fais tomber un, le deuxième soit entraîné par la chute du premier et tombe à son tour. Lorsque tu as fait cette expérience, tu connais la distance qui convient entre les blocs.

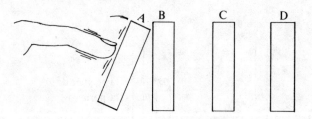

Aligne tous tes blocs en leur laissant l'espace voulu. Si tu fais tomber le bloc A, B va chuter, entraînant C et ainsi de suite; c'est une chute en cascade.

Il se peut qu'un bloc reste debout et que la chaîne s'arrête. Fais-le tomber et la chaîne va recommencer.

QUATRIÈME JEU (à partir de 7 ans)

L'ascenseur "descenseur"

As-tu déjà fabriqué l'ascenseur de la page 93? Pour avoir ton ascenseur "descenseur", tu commences par suivre toutes les instructions de la page 93. Tu as ensuite besoin d'une boîte, si possible de la même taille que la première.

Tu tires sur la ficelle jusqu'à ce que la cabine atteigne la table (le premier étage).

Tu fixes alors la deuxième cabine qui doit se trouver au rez-de-chaussée. Si la ficelle est trop longue, tu la coupes à la bonne dimension.

Lorsqu'une des cabines est en haut au premier étage, l'autre doit rester en bas au rez-de-chaussée.

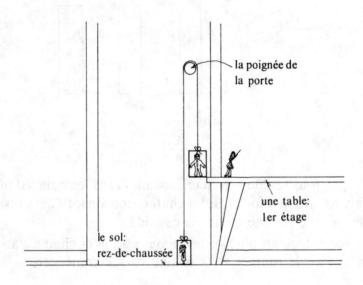

la poignée de
la porte

une table:
1er étage

le sol:
rez-de-chaussée

Pour les adultes

Comment aider votre enfant à comprendre et à exploiter l'histoire

Les notions spatiales

L'histoire aborde des concepts de position:

— positions statiques suivant un axe vertical: en haut, dans le ciel;

— positions dynamiques suivant un axe vertical: monter, s'envoler, rester en bas.

Nous vous suggérons de faire remplir à votre enfant le questionnaire de la page 91 avant de lire l'histoire. Ce questionnaire vous permettra d'évaluer s'il connaît bien les notions abordées. Vous pourrez ainsi approfondir davantage les notions qu'il connaît mal au cours de la lecture de l'histoire ou après.

Les images et le texte

Rappelons que nous faisons une analyse des images et des textes afin de fournir des pistes dont un certain nombre peuvent être exploitées pour faciliter la compréhension de l'histoire par votre enfant.

Dans les deux premières images et leur texte d'accompagnement, les personnages s'adressent directement à l'enfant. Dans la troisième et la quatrième images, deux solutions sont proposées pour jouer avec un ballon: le laisser s'envoler ou le nouer autour du poignet avec une ficelle.

La cinquième comporte certaines cocasseries (par exemple, l'oiseau prêt à faire éclater les ballons avec son bec) et des impossibilités (par exemple, la petite fille qui s'envole à l'aide des deux ballons), afin d'insister sur la notion de s'envoler.

La sixième, la septième et la huitième images illustrent, au moyen d'indices, trois moments distincts qu'il est essentiel de bien faire préciser pour comprendre que le temps a une importance dans la modification de la taille des ballons.

La dimension socio-affective

Les clowns effraient généralement les enfants jusqu'à l'âge de 3 ou 4 ans. Ils acquièrent par la suite une valeur affective très importante. Le ballon, lui aussi, a une valeur hautement affective. Certains enfants sont parfois catastrophés de voir leur ballon s'envoler. C'est pourquoi nous avons voulu montrer qu'un ballon qui s'envole peut aussi avoir un intérêt et être une source de découverte et de plaisir. Nous avons également voulu aborder, en le dédramatisant, le phénomène qui consiste à retrouver son ballon dégonflé le lendemain.

Votre enfant va sûrement associer ces images soit à des personnes, soit à des situations qu'il a déjà vécues. Vous pourriez éventuellement lui demander à quoi lui fait penser chacune de ces images.

Comment exploiter les jeux
avec votre enfant

Les jeux des pages 92 à 95 abordent les notions: s'envoler, monter, en haut, dans le ciel. Les trois premiers sont des activités psychomotrices pour des jeunes enfants à partir de l'âge de 4 ans. Ils nécessitent votre participation, soit pour prévenir des accidents (premier jeu), soit pour intervenir physiquement (deuxième jeu). Le quatrième jeu est une amorce d'activité qui peut être englobée dans un jeu de mise en situation plus vaste où plusieurs enfants peuvent participer à la fabrication d'avions, de pistes d'atterrissage, d'un aéroport et de tout ce qui gravite autour. Cette mise en situation, après la visite d'un aéroport par exemple, peut être illustrée par la lecture de l'histoire "Sylvie et Éric partent seuls en avion" publiée dans le livre *Quatre enfants découvrent le monde des adultes*, à la page 177. Le septième jeu consistant à fabriquer une fusée peut être pratiqué avant l'âge de 7 ans si vous montrez à votre enfant comment le construire en en faisant une devant lui. Par contre, si vous vous contentez de lui lire (ou de le laisser lire s'il en est capable) le texte point par point au fur et à mesure qu'il exécute le pliage, cet exercice est plus complexe et ne peut être réalisé par des enfants de moins de 7 ans. Ce dernier type d'activité est hautement éducatif car il exige de l'enfant une représentation mentale préalable de chaque opération à exécuter à partir de la lecture d'un texte.

Les jeux des pages 96 et 98 abordent les notions: rester en bas, rester debout, tomber par terre. Les deux premiers sont des activités psychomotrices qui se pratiquent à deux. Les deux suivants permettent à l'enfant de découvrir des lois physiques.

3. La grosse dame nous a aidés à retrouver notre chemin

— J'aimerais aller jouer dans le bois avec elle.
— N'allez pas trop loin les enfants!

— J'ai peur, je crois que nous sommes perdus.
— Non regarde, il y a une petite maison au loin là-bas.

— Viens, nous sommes tout près.
— Regarde cette maison; elle n'est pas comme la nôtre.

— Il y a une porte étroite pour le monsieur et une porte large pour la dame.

— C'est normal; le monsieur est mince; il passe par la porte étroite. La dame est grosse; elle passe par la porte large.

— Allons voir s'ils peuvent nous aider à retrouver notre chemin.

— Venez manger; j'ai de la soupe chaude.
— Oh, merci madame! Nous avons faim et froid.
— Pourquoi avez-vous une fenêtre large et une fenêtre
étroite?

— Moi je regarde par la fenêtre large parce que je suis grosse.

— Et moi par la fenêtre étroite parce que je suis mince.

— Regardez, le chemin pour retourner à votre maison est par là. C'est le chemin large; ce n'est pas le chemin étroit.

115

— La maison est encore loin; je suis fatiguée.
— Prends un bâton pour te faire une canne.
— Lequel dois-je prendre?
— Le moyen; ne prend pas celui qui est trop long
  ni celui qui est trop court.

— On voit bien notre maison maintenant.

— C'est vrai; je la reconnais. C'est la moyenne, celle qui n'est ni la plus grosse ni la plus petite.

— Elle est au milieu.

— Vite, dépêchons-nous. Maman nous attend.

7   8

Jeu questionnaire

1. Pourquoi la maman ne veut-elle pas que les enfants aillent trop loin dans la forêt?
2. Qu'est-ce qui fait dire à l'un des enfants que la maison de la 3e image n'est pas comme la leur?
   Qu'a-t-elle de particulier?
3. Pourquoi chacun a-t-il sa porte dans la 4e image?
4. Est-il possible que la grosse dame et le monsieur mince échangent leurs portes? Pourquoi?
5. Pour qui est la porte étroite? Et la porte large?
6. Si la grosse dame et le monsieur mince n'étaient pas assis devant leur assiette dans la 3e image, pourrais-tu deviner où se trouve la place de chacun autour de la table?
7. Quel est le bon chemin pour retrouver la maison. Regarde la 6e image?
8. Pourquoi la petite fille est-elle fatiguée dans la 7e image?
9. Peux-tu dire quel bâton choisit la petite fille dans la 7e image?
10. Peux-tu dire quelle est la maison des enfants dans la 8e image?

Veux-tu jouer?

Serais-tu capable d'expliquer à un adulte ce que veulent dire les mots suivants:

	Expliqué	Date	Âge
Tout près			
Près			
Loin			
Trop loin			
Étroit			
Large			
Mince			
Moyen			
Gros			
Ni trop long ni trop court			
Ni plus gros ni plus petit			
Au milieu			

Rappelle-toi que la meilleure façon d'expliquer ces mots est de donner des exemples. Il ne s'agit pas de répéter par coeur ce qui est écrit dans un dictionnaire. Faire des gestes ne suffit pas non plus. Il faut les expliquer avec des mots. Si tu y es parvenu, fais une croix devant "Expliqué". Sinon, attends encore quelques semaines ou quelques mois.

Ces mots seront souvent utilisés dans les jeux suivants. Tu pourras ainsi mieux les comprendre et mettre bientôt une croix devant chacun dans la grille, en précisant à quelle date et à quel âge tu les as expliqués.

Tout près, loin, trop loin

PREMIER JEU (à partir de 4 ans)

Une automobile passe

Il faut te mettre sur le bord d'une route en ligne droite.

Tu regardes une voiture arriver vers toi. Elle est si petite que tu ne la vois presque pas; elle est trop loin pour que tu puisses reconnaître sa forme.

Puis elle se rapproche, mais elle est encore loin. Tu ne l'entends pas mais tu la vois; elle est toute petite.

Elle se rapproche encore; elle est près de toi. Tu entends son moteur et tu distingues les passagers.

À présent, elle passe devant toi. Elle est tout près, si près que son bruit de moteur peut presque te faire peur.

Tu vois maintenant qui est dans la voiture; tu pourrais reconnaître les passagers si tu les connaissais. Mais la voiture passe très vite; elle s'éloigne déjà. Elle est déjà loin, trop loin; tu ne la vois plus.

DEUXIÈME JEU (à partir de 5 ans)

Colin-maillard

Vous pouvez jouer à trois ou davantage. Chacun à son tour se fait bander les yeux. L'un d'entre vous se place debout à un endroit et ne bouge plus. Celui qui a les yeux bandés doit chercher son partenaire; il est aidé par les autres participants qui ont le droit de lui dire "trop loin", "loin", "près" ou "tout près".

TROISIÈME JEU (à partir de 7 ans)

La balle dans le seau

Tu as besoin d'une balle ou d'un ballon et d'un seau ou d'une poubelle. Tu peux jouer seul ou avec plusieurs partenaires. Ce jeu peut se pratiquer en plusieurs étapes:

— *Première étape:* Chacun décide de l'emplacement d'où il lancera la balle pour être capable d'atteindre dix fois le seau ou la poubelle. Attention! Si tu te mets trop près, tu risques de manquer ton coup. Chaque erreur fait perdre un point.

— *Deuxième étape:* Chacun décide de l'emplacement d'où il pense qu'il a peu de chances de réussir à envoyer la balle dans le seau, c'est-à-dire trop loin. Il essaie de lancer la balle onze fois, le mieux qu'il peut. Il doit l'envoyer une seule fois dans le seau. Il perd un point chaque autre fois où il atteint le seau.

— *Troisième étape:* Chacun décide de l'emplacement d'où il pense qu'il pourra envoyer cinq balles sur dix dans le seau.

- 5 balles comptent pour 10 points
- 4 ou 6 balles, 8 points
- 3 ou 7 balles, 6 points
- 2 ou 8 balles, 4 points
- 1 ou 9 balles, 2 points
- 0 ou 10 balles, 1 point

Étroit, large

PREMIER JEU (à partir de 5 ans)

Un tapis

Tu as besoin de colle, de ciseaux, de deux feuilles de 21 x 27 cm et de deux sortes de papier de couleur ou, si tu n'en as pas, de gouache ou encore de crayons pour colorier deux feuilles blanches.

Tu découpes des bandes larges (3 cm) et des bandes étroites (1 cm), autant de chaque couleur; tu les disposes au fur et à mesure sur ta feuille de papier blanc en laissant un espace entre chacune.

Lorsque tu as fini dans un sens, tu recommences dans l'autre.

Quand tes bandes larges et étroites sont disposées à ta satisfaction, tu les places de la même manière sur une autre feuille de papier blanc en les collant une par une.

Tu découpes les bandes qui dépassent sur les bords. Ta décoration est terminée.

Tu peux faire la même sorte de décoration en disposant tes bandes en travers de la feuille (regarde le dessin no 2).

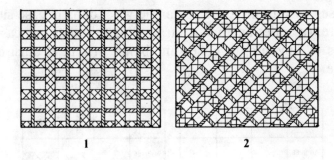

1   2

DEUXIÈME JEU (à partir de 7 ans)

La traversée des rivières

Il s'agit de fabriquer un jeu qui ressemble un peu à celui du jeu de l'oie. Tu as besoin d'une feuille de papier blanc de 21 x 27 cm, de bandes de couleur comme dans le premier jeu (page 126), de colle, d'un crayon et d'un dé à jouer. Tu plies ta feuille en deux, puis en deux dans l'autre sens, puis encore en deux et enfin encore en deux dans l'autre sens. En la dépliant, tu obtiens des rectangles. Tu traces au crayon, à l'aide d'une règle si possible, les lignes marquées en gras sur le dessin no 1.

Tu inscris "départ" dans le coin gauche, en haut et tu fais, dans la case, une flèche qui va dans le sens de l'écriture; elle indique le sens de la course des pions de chaque joueur (le sens des aiguilles d'une montre).

Dans le rectangle du dessous, tu inscris "arrivée".

Après la case "départ", tu laisses un rectangle vide, puis tu colles une bande étroite dans la case suivante. Tu laisses ensuite un autre rectangle vide; dans la case suivante, tu colles une bande large. Puis tu sautes une case; dans la suivante, tu colles une bande étroite et ainsi de suite.

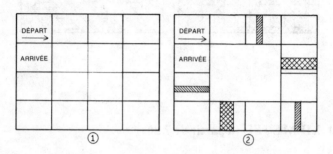

Ton jeu est prêt; voici les règles:

Les bandes sont des rivières:

- les bandes étroites sont faciles à enjamber; si tu tombes dessus, tu sautes la case et tu vas à la suivante;
- les bandes larges sont trop difficiles à enjamber; si tu tombes dessus, tu reviens à ton ancienne position.

Pour avancer ton pion, tu joues avec un dé et tu avances du nombre de cases correspondant.

Pour terminer la partie, tu dois avoir le nombre exact pour entrer dans la case "Arrivée", sinon tu recules. Si tu ne termines pas, tu peux tomber dans une rivière large; tu recules alors du nombre de cases correspondant au chiffre que tu as joué avec le dé. Tu avanceras au prochain tour.

Mince, moyen, gros

PREMIER JEU (à partir de 6 ans)

Gros, mince

As-tu remarqué que certaines personnes sont grosses, d'autres minces, d'autres entre les deux, c'est-à-dire de taille moyenne?

Pour pratiquer ce jeu, tu as besoin de trois feuilles de papier blanc de 21 x 27 cm, d'un crayon noir et de crayons de couleur.

Tu dessines un bonhomme assez grand sur ta feuille de papier.

Comment est-il, à ton avis: gros, mince ou de taille moyenne?

Tu places une feuille blanche dessus et tu calques la tête. Pour le corps, les bras et les jambes:

— Si le premier était gros, tu dessines le deuxième mince; s'il était de taille moyenne, tu dessines le deuxième mince.

— S'il était mince, tu le dessines gros.

Attention! Tous les bonshommes doivent avoir la même grandeur (la même hauteur).

Te voilà prêt à présent pour en dessiner un de la troisième taille, de la même façon.

Tu as trois bonshommes: un gros, un moyen et un mince. Tu n'as plus qu'à colorier leurs vêtements avec la même couleur. On peut dire ainsi qu'il s'agit du même personnage. Il était mince et il grossit. Il peut ensuite maigrir.

Pour les adultes

Comment aider votre enfant à comprendre et à exploiter l'histoire

Les notions spatiales

L'histoire aborde des concepts de positions et de tailles:

— positions statiques en fonction d'un point d'origine, d'une surface ou d'un volume: tout près, loin, trop loin.

— tailles: étroit, large, mince, moyen, gros.

Nous vous suggérons de faire remplir à votre enfant le questionnaire de la page 123 avant de lire l'histoire. Ce questionnaire vous permettra d'évaluer s'il connaît bien les notions abordées. Vous pourrez ainsi approfondir davantage les notions qu'il connaît mal au cours de la lecture de l'histoire ou après.

Les images et le texte

Les trois premières images sont sujettes à discussion autour des notions: tout près, loin, trop loin, s'approcher, s'éloigner. Dans la troisième, tout converge vers une maison un peu mystérieuse qui comporte des anomalies que l'on peut faire observer à l'enfant s'il ne les a pas remarquées. Dans la quatrième image, on pourra lui suggérer la possibilité d'un classement: tout ce qui est large va avec la grosse dame, tout ce qui est étroit va avec le monsieur mince; de même pour la cinquième image. La sixième nécessite la lecture du texte pour être comprise; de même pour la septième.

Plusieurs notions sont abordées dans cette histoire. Vous pourriez les reprendre après la lecture en les situant bien sur chaque image. Nous avons constaté que certaines de ces notions, particulièrement étroit et large, sont méconnues de la plupart des enfants jusqu'à un âge avancé.

La dimension socio-affective

Les enfants ont souvent peur de se perdre. Nous avons abordé ce thème dans notre histoire. Elle comporte toute une suite d'événements que l'enfant peut vivre dans une telle situation: les enfants s'éloignent, puis se perdent, demandent de l'aide et enfin retrouvent, après beaucoup de fatigue et d'émotions, les lieux et les gens qu'ils connaissent.

Nous avons illustré la forêt comme un lieu où les enfants se perdent, par analogie avec les nombreuses histoires de la littérature enfantine qui abordent le même thème: "Le petit chaperon rouge", "Le petit poucet", par exemple.

Les personnages qui aident les enfants à se retrouver pourraient paraître menaçants au premier abord, à cause de leur taille et de leur maison insolite. Les enfants s'aperçoivent vite que malgré leur apparence, ce sont des gens pleins de tendresse qui font tout ce qu'ils peuvent pour les réconforter et les aider. Tous les enfants ont ressenti de tels sentiments à un moment ou à un autre. Cette histoire leur rappellera sûrement certaines anecdotes. Profitez-en pour en discuter avec votre enfant.

Comment exploiter les jeux
avec votre enfant

Les jeux des pages 124 et 126 abordent les notions: tout près, loin, trop loin. Ce sont des activités essentiellement psychomotrices. Les deux premières font appel au sens auditif; la troisième, à l'habileté et au jugement. Ce jeu se pratique en groupe, mais il peut aussi se jouer seul.

Les jeux des pages 120 à 128 abordent les notions: étroit, large. L'enfant fabrique des objets qui vont lui servir soit de décorations, soit de jeux de société dont il pourra faire profiter plusieurs enfants de son âge.

Le jeu de la page 129 utilise les notions: mince, gros. C'est une activité relativement simple à exécuter mais qui exige beaucoup d'attention de la part de l'enfant pour comprendre les consignes que vous lui lirez point par point.

4. Nous avons rencontré un ami

134

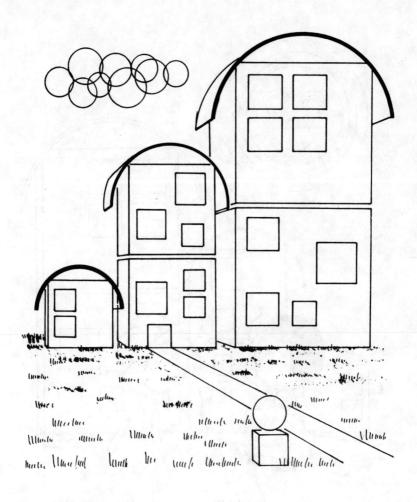

— Où est-on?
— Je ne sais pas; tout est rond ou carré!
— Allons voir de plus près.

136

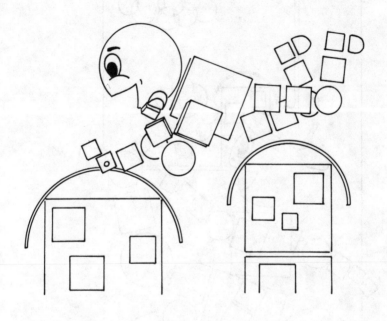

— Bonjour les amis; pourquoi n'êtes-vous pas comme moi?
Moi je suis fait avec des ronds et des carrés.

— Chez nous tout n'est pas rond ou carré; nous avons
d'autres formes!

— Chez nous tout est rond ou carré: les maisons, les
arbres, les autos, nous ne connaissons rien d'autre.

— Venez-vous jouer avec moi?

— D'accord, mais pas longtemps parce que maman va nous chercher.

— Regardez mon cheval de ronds et de carrés.

— Oh, le beau chat! comment s'appelle-t-il?

— Ron-ron.

— Dans notre pays, nous avons aussi des surfaces rondes
et des surfaces carrées.

— Vous avez aussi des cubes et des boules!

— C'est vrai, tous mes jeux sont des cubes ou des boules.

— Qu'est-ce qui est sur le sol?

— C'est un jeu de surfaces rondes et carrées.

— Comment y joue-t-on?

— C'est un jeu de course. Veux-tu jouer avec moi?

— Qu'est-ce que je dois faire?

— Je prends les boules, tu prends les cubes; à 3, tu installes les cubes sur les surfaces carrées et moi les boules
sur les surfaces rondes. Es-tu prêt? 1-2-3, prêts, pas
prêts, on y va!

— Regarde comment fait notre ami pour installer les
boules.

— Et voilà! j'ai fini; j'ai gagné!

— On ne peut pas jouer avec toi; tu es trop fort! Au revoir, nous rentrons chez nous.

— Non! Non! je m'ennuie trop; tout est pareil chez moi; toutes les surfaces sont rondes ou carrées; tous les volumes sont des cubes ou des boules. Je veux partir avec vous.

— C'est là votre maison?

— Oui, regarde, maman nous attend; elle va dire qu'on est en retard pour le dîner.

— Il est beau votre village. Les maisons ne sont pas pareilles à celles de chez nous. Tout n'est pas rond ou carré.

— Regarde maman, regarde notre nouvel ami.

— Bonjour grand garçon. Comment t'appelles-tu?

— Bonjour madame; je m'appelle Rond Carré.

— Il est très poli votre ami; je veux bien qu'il joue avec vous.

— Oh, merci maman! Viens dans notre maison Rond Carré.

Jeu questionnaire

1. Les enfants sont arrivés à un endroit qu'ils ne connaissent pas. De quoi est fait le paysage dans la 1ère et dans la 2e image?

2. Pourquoi le nouvel ami des enfants s'appelle-t-il Rond Carré?

3. Avec quoi joue Rond Carré? Quels sont ses jouets?

4. Explique-moi quel est le matériel nécessaire pour pratiquer le jeu de Rond Carré dans la 4e image.

5. Quelle est la règle du jeu?

6. De quelle façon y joue Rond Carré?

7. Pourquoi le garçon est-il fâché dans la 6e image?

8. Qu'est-ce qui est différent entre l'endroit où habitent les enfants et celui où habite leur ami?

9. Pourquoi la maman des enfants accepte-t-elle que les enfants jouent avec leur nouvel ami? Lis le texte de la 8e image.

10. Penses-tu qu'un ami peut être fait de ronds et de carrés qui parlent?

Veux-tu jouer?

Serais-tu capable d'expliquer à un adulte ce que veulent dire les mots suivants:

	Expliqué	Date	Âge
Formes			
Surfaces			
Rond			
Carré			
Triangle			
Losange			

Rappelle-toi que la meilleure façon d'expliquer ces mots est de donner des exemples. Il ne s'agit pas de répéter par coeur ce qui est écrit dans un dictionnaire. Faire des gestes ne suffit pas non plus. Il faut les expliquer avec des mots. Si tu y es parvenu, fais une croix devant "Expliqué". Sinon, attends encore quelques semaines ou quelques mois.

Ces mots seront souvent utilisés dans les jeux suivants. Tu pourras ainsi mieux les comprendre et mettre bientôt une croix devant chacun dans la grille, en précisant à quelle date et à quel âge tu les as expliqués.

Formes, surfaces
Rond, carré, triangle, losange

PREMIER JEU (à partir de 5 ans)

Formes et surfaces

Sais-tu que ces deux dessins ont la même forme? Comment les appelles-tu?

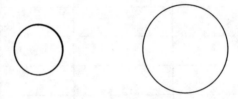

Ils n'ont pas la même grandeur. Si tu coloriais le petit en rouge et le grand en bleu, on pourrait dire que la surface rouge est plus petite que la surface bleue, ou le contraire: que la surface bleue est plus... que la surface rouge.

DEUXIÈME JEU (à partir de 6 ans)

Carrés et rectangles

Regarde le carré et les rectangles.

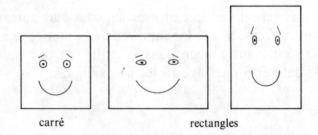

carré   rectangles

154

Ils se ressemblent mais ils sont différents:
- Ils se ressemblent parce qu'ils ont tous 4 côtés et que leurs coins (on les appelle des angles) sont pareils.
- Ils sont différents parce que:
  - les carrés ont 4 côtés de même longueur; mesure-les;
  - les rectangles ont 2 sortes de côtés; deux longs: ce sont les longueurs; mesure-les; deux courts: ce sont les largeurs; mesure-les.

TROISIÈME JEU (à partir de 5 ans)

Les formes dans la maison

Cherche dans ta maison ce qui peut avoir une forme:

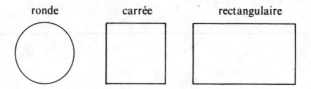

ronde   carrée   rectangulaire

QUATRIÈME JEU (à partir de 5 ans)

Fabrication du jeu de cartes de formes

Tu as besoin de 5 feuilles de papier blanc et de deux feuilles de papier de couleurs différentes, de 21 x 27 cm, d'un crayon, d'une paire de ciseaux, de colle et de ruban adhésif.

Tu plies une feuille de papier blanc en deux, puis encore en deux dans l'autre sens et tu découpes sur les pliures. Tu fais de même pour 3 autres feuilles blanches.

Tu formes un paquet en posant les unes sur les autres la dernière feuille blanche et les deux feuilles de couleurs. Tu les fixes avec un bout de papier collant sur chaque côté pour qu'elles restent bien en place lorsque tu les découperas.

Tu demandes à un adulte de dessiner sur le paquet de feuilles un rond (il peut prendre un compas ou un verre pour le tracer), un carré, un rectangle, un triangle et un losange. Ces formes ne doivent être ni trop petites ni trop grandes car tu vas devoir les coller sur les cartes que tu as préparées.

Tu découpes le paquet déjà fait et tu obtiens ainsi 3 ronds, 3 carrés, etc.

Tu colles chacune des formes sur une carte et tu obtiens ainsi un jeu de 15 cartes.

CINQUIÈME JEU (à partir de 5 ans)

Classement du jeu de cartes de formes

Tu utilises les cartes du quatrième jeu.

Tu alignes les cartes ayant des formes blanches.

Tu brasses les cartes. Attention, es-tu prêt?

Tu fais un paquet de chaque forme aussi vite que possible.

Vous pouvez jouer à deux. Dans ce cas, asseyez-vous l'un en face de l'autre, partagez-vous les cartes et commencez le tri en même temps. Qui est allé le plus vite?

SIXIÈME JEU (à partir de 6 ans)

Familles du jeu de cartes de formes

Tu utilises les cartes du quatrième et du cinquième jeux. Ce jeu se pratique à trois au moins. Il consiste à faire des familles de formes.

Vous vous distribuez les cartes.

Celui qui a donné les cartes demande à un partenaire une forme de la couleur qui lui manque. S'il obtient cette carte, il a le droit d'en demander une autre à un partenaire. Si le joueur n'a pas la carte qu'on lui demande, c'est à son tour de demander une forme d'une couleur.

Lorsqu'un joueur a toutes les cartes de la même forme, il dépose son paquet sur la table; il a un point.

SEPTIÈME JEU (à partir de 5 ans)

Des guirlandes de ronds et de carrés

Tu as besoin de papier de couleur, d'un verre, d'un morceau de carton, de ficelle ou de laine et d'un objet pointu, comme un clou ou une aiguille à tricoter, pour faire des trous.

Tu dessines un carré et un rond (le contour d'un verre) sur le carton.

Tu découpes le carré et le rond; tu as ainsi fabriqué un gabarit.

Avec le gabarit, tu dessines autant de ronds que tu peux sur une feuille de couleur et autant de carrés sur une feuille d'une autre couleur.

Tu découpes tes ronds et tes carrés.

Tu fais deux trous à chacune des formes.

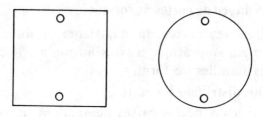

Tu enfiles la laine par les trous de chaque forme en les alternant, c'est-à-dire en mettant un rond, puis un carré, puis un rond et ainsi de suite.

Ta guirlande est prête à accrocher.

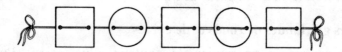

HUITIÈME JEU (à partir de 7 ans)

Jeu des familles de carrés

Tu as besoin de feuilles de 21 x 27 cm et de crayons de couleur.

Tu fabriques 24 cartes en coupant une feuille blanche de 21 x 27 cm en quatre, comme pour le quatrième jeu (page 155).

Tu dessines sur chaque carte un carré que tu divises en quatre.

Tu colories chaque carte à l'aide de trois couleurs selon les indications de l'illustration. Chaque chiffre représente une couleur, par exemple: 1, rouge — 2, vert — 3, bleu.

Lorsque tu as fini une première série, tu en fabriques une deuxième de la même façon. Ton jeu est prêt.

Tu peux jouer seul: tu brasses les cartes, puis tu les déposes une par une sur la table en mettant celles qui sont pareilles ensemble.

Tu peux jouer avec trois partenaires ou plus comme dans le sixième jeu (page 157).

NEUVIÈME JEU (à partir de 6 ans)

Une maison manquante

Ce jeu se pratique à plusieurs, de préférence dehors, mais tu peux aussi y jouer dans une grande salle.

Sur un grand espace, vous dessinez des ronds, des carrés, des rectangles et des triangles, une forme de chaque sorte par personne, moins une: si vous êtes quatre par exemple, il faut dessiner trois ronds, trois carrés, etc.

Au signal, tout le monde va dans un rond. Celui qui n'a pas de place dans un rond est désigné pour donner un ordre, par exemple "carré". Tout le monde se précipite sur un carré; celui qui n'a pas de place est désigné pour donner un autre ordre et ainsi de suite.

Vous pouvez compliquer le jeu en décidant de préciser comment se rendre à la forme désignée; par exemple, "sur un pied", "à reculons", "à pieds joints", "à quatre pattes", etc.

DIXIÈME JEU (à partir de 7 ans)

L'étoile de triangles

Tu as besoin de deux feuilles blanches de 21 x 27 cm, de deux feuilles de couleurs différentes (rouge et bleu par exemple), de colle et d'un bout de ruban adhésif.

Tu colles tes deux feuilles de couleur l'une sur l'autre avec un bout de ruban adhésif.

Tu dessines un carré de 10 cm de côté environ, puis tu traces les lignes indiquées sur le dessin.

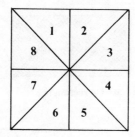

Tu découpes toutes les lignes et tu obtiens ainsi 8 triangles d'une couleur et 8 triangles de l'autre.

Tu replaces tes triangles sur une feuille blanche de la même façon dont ils étaient disposés. Tu obtiens donc un carré.

Tu enlèves un triangle et tu le remplaces par un triangle de l'autre couleur (1).

Tu ne touches pas au suivant (2). Tu enlèves le troisième que tu remplaces par celui d'une autre couleur (3) et ainsi de suite.

Tu obtiens ainsi une étoile de deux couleurs. Tu n'as plus qu'à coller les triangles.

Tu reproduis le même carré avec les autres triangles ou bien tu inventes d'autres dessins. En voici trois exemples:

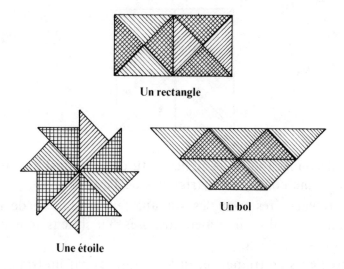

Un rectangle

Une étoile

Un bol

ONZIÈME JEU (à partir de 5 ans)

Casse-tête de triangles

Tu as besoin d'une feuille de papier de 21 x 27 cm, d'un crayon et de ciseaux.

Tu dessines un point au milieu d'un côté étroit de ta feuille.

Tu joins ce point aux deux coins qui se trouvent de l'autre côté de la feuille par une ligne droite.

Tu découpes tes deux lignes. Tu obtiens ainsi trois triangles.

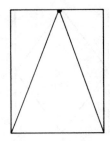

Avec les deux petits triangles, tu peux former un triangle de même grandeur et de même forme que le troisième.
Si tu ne trouves pas la solution, essaie de placer les deux petits triangles sur le troisième.
Tu peux à présent faire découvrir la solution à tes amis.

DOUZIÈME JEU (à partir de 6 ans)

Casse-tête de losanges

Tu as besoin d'une feuille de papier de 21 x 27 cm, d'un crayon et de ciseaux.
Tu dessines un point au milieu de chaque côté de ta feuille.
Tu joins ces points par des lignes droites. Tu obtiens ainsi un losange.
Tu découpes les quatre lignes et tu obtiens ainsi quatre triangles de même grandeur.
En les disposant d'une certaine façon, tu peux reproduire un deuxième losange de même grandeur. Si tu ne trouves pas la solution, essaie de placer les triangles sur le premier losange.
À tes amis à présent de trouver la solution!

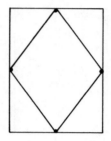

TREIZIÈME JEU (à partir de 5 ans)

Les cerfs-volants

Tu as besoin d'une feuille de papier blanc, d'un crayon à mine de plomb, d'une gomme à effacer et de crayons de couleur.

Tu dessines plusieurs cerfs-volants en forme de losange. Si tu ne sais pas très bien tracer cette forme, voici les étapes à franchir pour y arriver.

Tu dessines un rectangle, puis tu t'y prends comme dans le douzième jeu (page 163).

Lorsque tu as formé ton losange, tu effaces le rectangle.

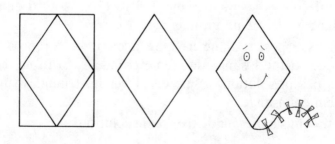

Voici une deuxième solution: tu traces un triangle qui ressemble au toit d'une maison (on l'appelle un triangle isocèle: il a deux côtés de même grandeur). Tu imagines ensuite que ton toit tombe; sa pointe se trouve alors en bas. Tu traces un point à l'endroit où tu penses qu'il va arriver. Tu rejoins ensuite les deux coins de ton toit avec ce point et tu obtiens un losange. Tu n'as plus qu'à effacer la ligne couchée à l'intérieur de ton losange.

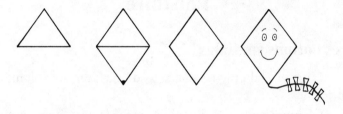

Si tu es prêt à dessiner des losanges, traces-en une dizaine sur ta feuille et essaie, à partir de ces formes, d'inventer autant de cerfs-volants différents.

Pour les adultes

Comment aider votre enfant à comprendre et à exploiter l'histoire

Les notions spatiales

L'histoire aborde les concepts de surfaces, de volumes et de formes.

Comme pour les histoires précédentes, vous pouvez demander à votre enfant de répondre au questionnaire de la page 153 avant de lire l'histoire. Cela vous permettra d'évaluer s'il connaît bien les notions abordées. Vous pourrez ainsi approfondir davantage les notions méconnues au cours de la lecture de l'histoire et des jeux qui l'accompagnent.

Les images et le texte

Nous sommes en pleine fiction dès la première image. Demandez à votre enfant quels sont les éléments irréels dans l'image. La deuxième et la troisième images font vivre un personnage-fiction qui a l'air bien vivant dans son contexte. Ce personnage, Rond Carré, entraîne les enfants dans un jeu (dans la quatrième et la cinquième images) mais ceux-ci s'aperçoivent que son habileté, sa force et sa manière d'agir ne sont pas de même nature que les leurs (sixième image). Qu'importe, l'amitié ne s'arrête pas aux apparences.

La dimension socio-affective

L'histoire est centrée sur la découverte et les liens qui unissent des enfants, parfois dissemblables au point de vue de l'âge, de la culture et de la race. Nous vous invitons à discuter avec votre enfant sur ce thème.

Comment exploiter les jeux avec votre enfant

Les jeux des pages 154 à 165 abordent les notions: formes, surfaces, rond, carré, triangle, losange. Les trois premiers sont des activités essentiellement verbales. Le quatrième consiste dans la fabrication d'un jeu de cartes. Une aide éventuelle est requise pour tracer des formes; le reste peut être fait sans difficulté par votre enfant. Le sixième, qui permet d'utiliser les cartes de l'autre jeu, est un protocole de jeu qui peut s'appliquer à toutes sortes de jeux de cartes fabriqués ou que l'on trouve dans le commerce. Le huitième jeu comprend également, au départ, la fabrication d'un jeu de cartes. Il exploite la combinaison de trois couleurs. Précisons que nous n'avons pas utilisé toutes les combinaisons possibles dans notre protocole. Si votre enfant a plus de 8 ans, vous pourriez lui faire rechercher celles qui manquent et augmenter ainsi le nombre des cartes. Si cet exercice est réussi, vous pourriez lui proposer la fabrication d'un nouveau jeu avec, cette fois-ci, quatre couleurs. Il faudrait cependant limiter le nombre des cartes car les combinaisons possibles sont au nombre de 256. Le protocole du neuvième jeu, qui est une activité essentiellement psychomotrice, peut être modifié selon l'âge moyen des enfants. On peut le rendre plus ou moins difficile en augmentant ou en accroissant les contraintes. Nous laissons ces ajustements à votre appréciation. Le dixième jeu fait appel à une organisation spatiale que tous les enfants ne maîtrisent pas au même âge. C'est pourquoi nous vous suggérons de proposer ce jeu à votre enfant, quel que soit son âge entre 6 et 8 ans, et d'observer comment il procède. S'il a certaines difficultés, aidez-le à terminer. Les onzième et douzième jeux sont du même ordre que le précédent. Si votre enfant a de la difficulté à les exécuter, nous vous proposons de les reprendre dans 5 ou 6 mois pour vérifier si les notions spatiales qu'ils exploitent sont acquises. Le treizième jeu a pour but de fournir à l'enfant de 5-6 ans des points de repère pour qu'il puisse aisément dessiner un losange.

5. Il dort debout

— À quoi sert ce jouet? Je n'en ai jamais vu!
— C'est un lit; un lit pour dormir.

— Dans mon pays, on dort debout sur un pied.

— Nous, nous dormons couchés sur un lit.

— Comment fais-tu pour dormir debout sur un pied; moi
je n'arrive même pas à rester ainsi une minute. Ouille!
je tombe.

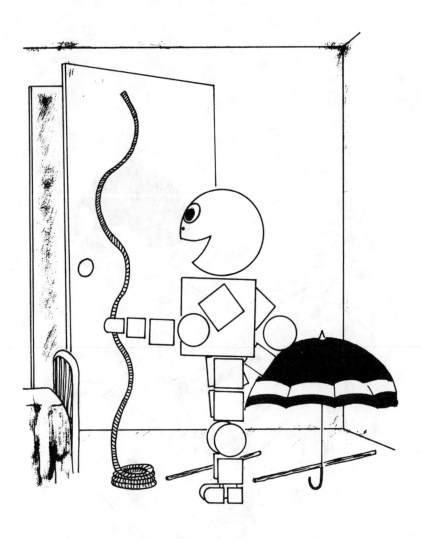

— Chez nous, ce qui est debout reste debout; voyons si c'est possible avec ta corde et ton parapluie. Ça tient debout.

— Chez nous ce n'est pas possible; le bâton tombe et se couche sur le sol.

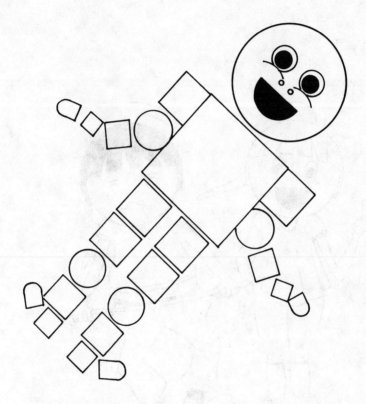

— Aïe, ma tête! je suis tombé. Je voulais faire comme toi;
je voulais me pencher sans me tenir et Boum! par terre.

— Je ne comprends pas; pour moi c'est facile.

— Chez nous, ce qui penche tombe; je vais te le montrer
avec mon bâton.

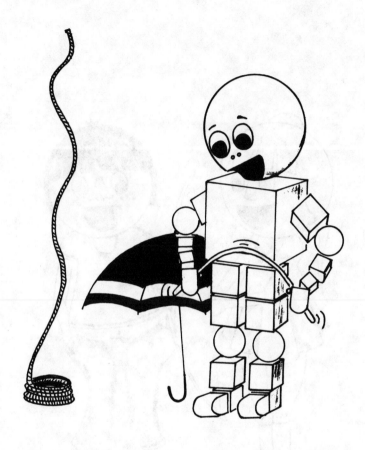

— Le bâton n'est plus droit! Comment fais-tu pour le courber? Moi je n'y arrive pas; je n'ai pas assez de force.

— Je ne sais pas; regarde c'est facile. Je prends le bâton par les deux bouts et hop! je le courbe.

— J'ai une idée; apporte une corde.

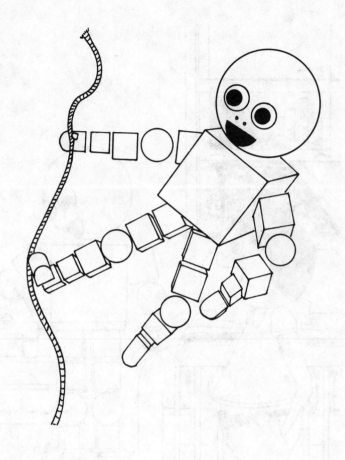

— Voilà, j'ai fabriqué un arc.
  Le bâton reste courbé; la corde est tellement tendue
  qu'elle reste droite.
— À quoi sert un arc?
— Tu poses le bout de ta flèche au milieu de la corde et
  puis après... je ne sais plus très bien. Et puis maman
  ne veut pas qu'on joue avec un arc; c'est trop dan-
  gereux.

— Les enfants, venez vous coucher. Est-ce que je prépare un lit pour votre ami?

— Non, il dort debout.

— Je me suis fait un lit avec vos bâtons. J'ai fabriqué un carré; je dormirai dedans entre vous deux.

184

— Je trouve que notre ami nous a appris beaucoup de choses. Regarde-le dormir debout.

— Non, je ne dors pas, je fais semblant. Vous aussi vous m'avez appris beaucoup de choses. Demain je vais faire une expérience: je vais essayer de dormir couché comme vous.

— Youpi! Tu vas dormir dans mon lit.

— Non! dans le mien.

— Chut, les enfants; chut, les enfants! C'est l'heure de dormir. Je ne veux plus entendre de bruit! Bonne nuit.

7

8

Jeu questionnaire

1. Pourquoi Rond Carré demande-t-il à quoi sert un lit?

2. Comment Rond Carré dort-il?

3. Si le garçon reste sur un pied, crois-tu qu'il va dormir?

4. Regarde la 3e image; peux-tu me dire ce qui n'est pas possible?

5. Pourquoi la petite fille est-elle tombée par terre dans la 4e image?

6. Regarde la 5e image; comment est le bâton de Rond Carré?

7. Est-ce que les enfants arrivent à courber leur bâton comme Rond Carré le fait?

8. Comment la petite fille arrive-t-elle à garder le bâton courbé dans la 6e image?

9. À quoi ressemble le bâton courbé avec la ficelle attachée aux deux bouts dans la 6e image?

10. Pourquoi la maman veut-elle que les enfants dorment dans la 8e image?

Veux-tu jouer?

Serais-tu capable d'expliquer à un adulte ce que veulent dire les mots suivants:

	Expliqué	Date	Âge
Debout			
Couché			
Penché			
Courbé			
Ligne droite			
Ligne brisée			
Ligne sinueuse			

Rappelle-toi que la meilleure façon d'expliquer ces mots est de donner des exemples. Il ne s'agit pas de répéter par coeur ce qui est écrit dans un dictionnaire. Faire des gestes ne suffit pas non plus. Il faut les expliquer avec des mots. Si tu y es parvenu, fais une croix devant "Expliqué". Sinon, attends encore quelques semaines ou quelques mois.

Ces mots seront souvent utilisés dans les jeux suivants. Tu pourras ainsi mieux les comprendre et mettre bientôt une croix devant chacun dans la grille, en précisant à quelle date et à quel âge tu les as expliqués.

Debout, couché

PREMIER JEU (à partir de 4 ans)

Debout, couché

Quand on est jeune, on a de la difficulté à dessiner un bonhomme debout. Il est souvent penché; on dirait qu'il va tomber. Essaie d'en dessiner un qui se tient bien debout. Trace une ligne qui passe sur son nez et ensuite entre ses jambes; si ton bonhomme est bien debout, cette ligne n'est pas penchée; elle est debout elle aussi. Regarde autour de toi. Il y a beaucoup de lignes debout. Peux-tu m'en montrer? Si tu renverses ta feuille, tu peux mettre ton bonhomme en position couchée. La ligne est alors couchée elle aussi. Regarde autour de toi. Il y a beaucoup de lignes couchées. Peux-tu m'en montrer?

DEUXIÈME JEU (à partir de 4 ans)

Jean dit

Ce jeu se pratique à plusieurs. Un joueur donne des ordres comme: "debout", "couché", "assis", "avancez", "reculez", "sur un pied". Les participants bougent seulement si le joueur qui donne les ordres ajoute "Jean dit": "Jean dit debout".

TROISIÈME JEU (à partir de 7 ans)

Concours de dessins

Tu peux jouer seul ou avec plusieurs participants. Vous avez chacun besoin d'une feuille de papier et de crayons de couleur.

Demandez à un adulte de reproduire sur une feuille, pour chaque participant, les signes "debout" et "couché" représentés dans l'illustration.

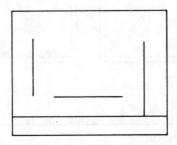

À vous ensuite d'inventer un dessin avec ces lignes. Essayez autant que possible de ne pas regarder ce que font vos voisins avant que tout le monde ait terminé. Vous aurez ainsi la surprise de voir comment chacun a imaginé son dessin.

Penché, courbé

PREMIER JEU (à partir de 7 ans)

Un aquarium

Tu as besoin d'une feuille de 21 x 27 cm et de crayons de couleur.

Tu fabriques l'aquarium, c'est-à-dire un bocal à poissons, en traçant une ligne tout autour de ta feuille.

Comment dessiner les poissons? Voici une suggestion: commence par tracer une ligne couchée, debout ou penchée.

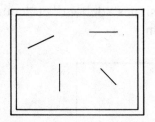 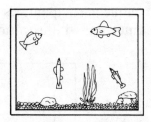

Rejoins les bouts de la ligne par des lignes courbes. C'est le corps du poisson.

Tu effaces ensuite la ligne du milieu et tu ajoutes la queue, les nageoires en haut et en bas, la bouche, l'oeil qu'on voit et d'autres détails que tu peux imaginer.

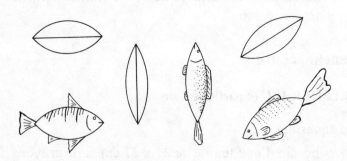

DEUXIÈME JEU (à partir de 7 ans)

Hélices et papillons

Tu as besoin d'une feuille blanche, d'un crayon à mine de plomb, d'une gomme à effacer et de crayons de couleur.

Tu traces un carré, puis un point au milieu de chaque côté du carré. (1)

Tu joins ces points par une ligne debout et une ligne couchée. (2) On les appelle des médianes. Elles forment une croix et passent par le milieu du carré.

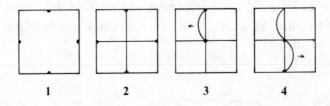

1 2 3 4

Tu traces une ligne courbe entre le milieu du côté du haut et le milieu du carré (ta ligne est orientée vers la gauche) (3).

Tu traces une autre ligne courbe au-dessous, dans l'autre sens; elle va du milieu du carré au milieu du côté du bas. Le dessin doit représenter une sorte de S (4).

Tu traces deux courbes de la même façon, à partir de la ligne couchée (5). Tu commences par la courbe de gauche (elle est orientée vers le bas), puis à partir du milieu du carré, tu continues avec celle de droite (elle est orientée vers le haut).

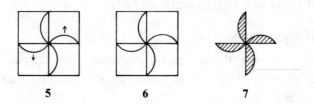

5   6   7

Après ce premier exercice, tu peux dessiner une hélice plus grande. Tu effaces ensuite les lignes inutiles et tu colories (7).

Pour que les pales de l'hélice soient penchées, tu procèdes de la même manière à partir de diagonales (ce sont les lignes droites penchées qui partent des coins du carré); elles aussi, comme les médianes, passent par le milieu du carré.

1   2   3   4

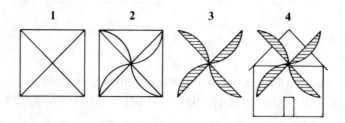

Si tu t'es trompé de sens en dessinant les courbes qui se trouvent sur la médiane couchée (dessin no 7), peu importe, tu as peut-être dessiné un papillon sans le savoir. Il te reste les côtés des ailes à terminer: tu rejoins par une courbe le milieu du haut du carré avec celui de droite par une courbe et le milieu du côté gauche avec celui du bas par une autre courbe (3).

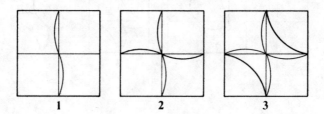

1   2   3

Ton papillon est prêt. Veux-tu qu'il aille vers le haut ou vers le bas?

Tu lui dessines des antennes en haut ou en bas.

Tu effaces ensuite toutes les lignes inutiles et tu colories ton papillon.

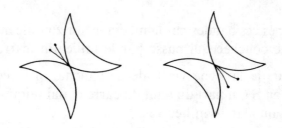

Les papillons que tu as dessinés se dirigeaient vers le haut à gauche ou vers le bas à droite. Tu peux en dessiner de la même façon vers le haut à droite ou vers le bas à gauche. Dans ce cas, tu dois changer la direction des courbes:

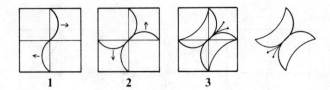

1   2   3

TROISIÈME JEU (à partir de 8 ans)

Verres et poissons

Ce jeu ressemble au deuxième (page 193), mais il est plus difficile. C'est pourquoi il serait préférable que tu pratiques le deuxième jeu avant de commencer le troisième.

Tu dessines un carré et tu traces deux lignes verticales (debout) qui partagent le carré en trois bandes de même largeur.

Tu coupes ces bandes par la médiane horizontale du carré (la ligne couchée qui passe par le milieu du carré).

À partir de la ligne verticale de gauche, tu traces une courbe en S qui part du haut du carré et qui rejoint le bas en passant par le milieu (3).

À partir de la ligne verticale de droite, tu traces une courbe semblable, mais attention, le S est inversé (2)!

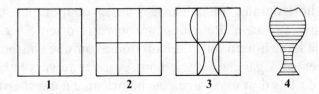

Ton verre est presque terminé. Il te suffit de le finir en haut et en bas, puis d'effacer les lignes inutiles. Tu as obtenu un verre debout.

Pour dessiner un verre renversé, tu traces dans le carré les deux lignes verticales et la médiane horizontale. Sur la ligne verticale de gauche, tu dessines une courbe en S orientée en haut vers la droite et en bas vers la gauche. Sur la ligne verticale de droite, tu traces la courbe en S orientée en haut vers la gauche et en bas vers la droite.

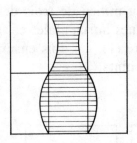

Pour dessiner un verre couché, à droite et à gauche, tu commences par tracer les deux lignes qui partagent le carré en trois bandes de même grandeur. Elles doivent

197

être horizontales (couchées). Tu les coupes par une médiane verticale. Pour dessiner le verre orienté à gauche, la ligne horizontale du haut doit avoir une courbe en S orientée à gauche vers le haut et à droite vers le bas; celle du bas doit avoir une courbe orientée à gauche vers le bas et à droite vers le haut.

Pour dessiner le verre orienté à droite, les courbes doivent avoir le sens contraire de celles du verre orienté à gauche.

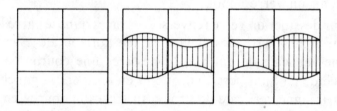

Veux-tu que ton verre devienne un poisson? Il te suffit de tracer un point au milieu de trois des petits rectangles formés par les lignes horizontales et verticales tracées à l'intérieur du carré (1). Tu dois ensuite faire passer tes courbes par ces points (2).

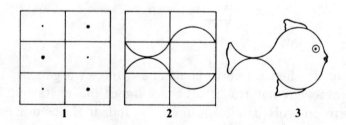

1   2   3

Ligne droite, brisée, sinueuse

PREMIER JEU (à partir de 7 ans)

Un cadre

As-tu déjà fabriqué le cadre proposé dans le jeu de la page 64. Le point de départ est le même: 4 bandes de papier entourent le dessin que tu veux encadrer. Tu colles ces bandes sur le bord de ton dessin, comme il est indiqué ici par des lignes brisées.

Tu découpes les morceaux qui dépassent de façon à obtenir un rectangle.

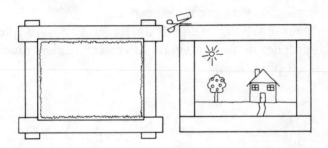

Tu traces avec un crayon une ligne entre les coins du dessin et ceux du cadre, puis tu donnes un coup de ciseaux sur les 4 lignes.

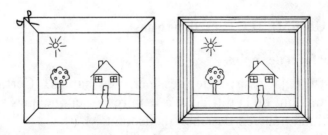

La décoration du cadre se fait avec des lignes droites, à l'aide de crayons de couleur. Voici quelques suggestions:

- *la couleur:* Tu peux choisir des couleurs qui se marient bien: tu traces une première ligne rouge, puis une ligne orangée et tu termines par une ligne jaune. Voici d'autres possibilités: vert foncé, vert pâle, jaune; bleu, mauve, rouge; jaune, beige, brun. Tu peux choisir aussi des tons dégradés si tu utilises de la peinture ou si tu possèdes une grande gamme de crayons de couleur: bleu foncé, moyen, pâle; rouge soutenu, vermillon, rose; brun foncé, brun, crème ou jaune.

- *la disposition et l'épaisseur des traits:* Tu peux resserrer les lignes au fur et à mesure que tu t'approches de ton dessin ou, inversement, les espacer.
Tu peux épaissir les lignes au fur et à mesure que tu t'approches de ton dessin ou, inversement, les tracer de plus en plus fines.

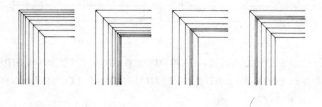

DEUXIÈME JEU (à partir de 6 ans)

Une forêt de sapins

As-tu déjà essayé de dessiner des sapins? Certains enfants ont de la difficulté à le faire. Voici quelques suggestions pour en dessiner facilement:

Tu traces un triangle qui a la forme des branches d'un sapin (1).
Tu dessines le tronc de l'arbre, du sommet jusqu'à terre (2).
Tu traces plusieurs lignes couchées, à une même distance les unes des autres (3).
Tu joins le bord des branches au tronc (4).
Tu effaces les lignes inutiles (5).
Il suffit maintenant de colorier ton sapin.

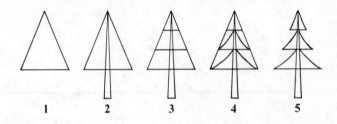

1   2   3   4   5

Essaie à présent de dessiner une forêt de sapins en commençant par la manière proposée, puis en les dessinant sans passer par toutes ces étapes.

Tu as pu observer que plus un arbre est loin, plus il paraît petit. Penses-y en faisant ton dessin; commence d'abord par les plus près qui paraissent gros, puis par ceux qui sont de plus en plus loin et de plus en plus petits.

TROISIÈME JEU (à partir de 6 ans)

Beaucoup de dents

As-tu déjà pensé à dessiner des dents à tes personnages? Des dents pointues, des dents arrondies, des dents serrées, des dents espacées.

Tes poissons, tes animaux peuvent aussi avoir des dents.

Pour les adultes

Comment aider votre enfant à comprendre et à exploiter l'histoire

Les notions spatiales

L'histoire aborde des concepts d'axes (debout, couché, penché, courbé) et de lignes (droite, brisée, courbe, sinueuse). Comme pour les histoires précédentes, vous pouvez demander à votre enfant de répondre au questionnaire de la page 189 avant de lire l'histoire. Cela vous permettra d'évaluer s'il connaît bien les notions abordées. Vous pourrez ainsi approfondir les notions méconnues au cours de la lecture de l'histoire et des jeux qui l'accompagnent.

Les images et le texte

Cette histoire met en opposition deux cadres de référence autour de notions spatiales, l'un réaliste et l'autre fictif; le cadre réaliste est lié aux personnages des enfants tandis que le cadre fictif est lié au personnage de Rond Carré. Nous utilisons cette approche qu'exploitent souvent les enfants: faire semblant de, jouer à. Les contraintes ne sont pas liées à la réalité mais au cadre que l'enfant définit. Les images, bien que très expressives, ne suffisent pas à la compréhension de l'histoire. Il est donc indispensable, après avoir laissé votre enfant se raconter une histoire à partir de l'image seule, de lui lire le texte qui l'accompagne s'il n'est pas en mesure de le faire lui-même.

La dimension socio-affective

Une fois de plus, nous reprenons le thème qui consiste à découvrir les différences entre les enfants. Ces différences peuvent être de toutes sortes: âge, culture, valeurs, race, habiletés, niveau d'apprentissage ou de langage.

Comment exploiter les jeux avec votre enfant

Les jeux des pages 190 et 191 abordent les notions: debout, couché. Les deux premiers s'adressent à des enfants relativement jeunes; le deuxième, "Jean dit", peut cependant être apprécié jusque vers l'âge de 8-9 ans. Le troisième, "Concours de dessins", laisse libre cours à l'imagination graphique des enfants à partir de quelques indices. Nous vous suggérons de faire pratiquer ce jeu à partir des lignes que nous vous indiquons, puis de proposer d'autres points de départ, par exemple des taches ou des formes plus représentatives — comme des arbres, des montagnes, un bateau, etc.

Les jeux des pages 191 à 198 abordent les notions: penché, courbé. Tous ces jeux s'appliquent à des enfants qui ont déjà au moins un an de scolarité. Le deuxième particulièrement peut être un excellent exercice pour des enfants qui, à l'âge de 7-8 ans, ont encore des difficultés à s'orienter dans l'espace. Ces jeux graphiques peuvent les aider dans l'écriture et l'appréhension des notions mathématiques. Pour une meilleure compréhension des consignes, nous vous proposons de les lire une à une, lentement, et de les répéter jusqu'à ce que votre enfant les ait bien comprises et puisse les exécuter. Si vous vous apercevez qu'elles représentent une difficulté trop grande, nous vous suggérons alors de produire vous-même un dessin en traçant, ligne par ligne, des éléments que votre enfant reproduira un à un.

Le troisième jeu reprend les notions du précédent. Il est cependant plus complexe et nécessite que votre enfant ait pu réaliser sans difficulté le deuxième.

Les jeux des pages 199 à 202 utilisent les notions: ligne droite, brisée, sinueuse. Le premier fournit quelques exemples de cadres et laisse ensuite libre cours à l'imagination de votre enfant. Nous abordons quelques notions sur le choix des couleurs afin de permettre à votre enfant de se rendre compte que certaines couleurs vont bien ensemble. Vous pourrez, à l'occasion d'autres situations de coloriage, reprendre ces notions afin de permettre à votre enfant d'aller plus loin dans son expérimentation. Le deuxième jeu consiste à dessiner des sapins. Beaucoup d'enfants ont de la difficulté à produire ce type de lignes brisées jusque vers l'âge de 6 et même 7 ans. Nous proposons à votre enfant quelques points de repère afin de lui faciliter la perception de ce qui est nécessaire pour dessiner des sapins. À lui ensuite d'inventer tout un décor.

Table des matières

Lithographié au Canada
sur les presses de
Métropole Litho Inc.

Ouvrages parus aux ÉDITIONS DE L'HOMME

* Pour l'Amérique du Nord seulement.
** Pour l'Europe seulement.

ALIMENTATION — SANTÉ

* **Allergies, Les,** Dr Pierre Delorme
* **Apprenez à connaître vos médicaments,** René Poitevin
* **Art de vivre en bonne santé, L',** Dr Wilfrid Leblond
* **Bien dormir,** Dr James C. Paupst
* **Bien manger à bon compte,** Jocelyne Gauvin
* **Boîte à lunch, La,** Louise Lambert-Lagacé
* **Cellulite, La,** Dr Gérard J. Léonard
Comment nourrir son enfant, Louise Lambert-Lagacé
Congélation des aliments, La, Suzanne Lapointe
* **Conseils de mon médecin de famille, Les,** Dr Maurice Lauzon
* **Contrôlez votre poids,** Dr Jean-Paul Ostiguy
* **Desserts diététiques,** Claude Poliquin
* **Diététique dans la vie quotidienne, La,** Louise Lambert-Lagacé
En attendant notre enfant, Yvette Pratte-Marchessault
* **Face-lifting par l'exercice, Le,** Senta Maria Rungé

* **Femme enceinte, La,** Dr Robert A. Bradley
* **Guérir sans risques,** Dr Émile Plisnier
* **Guide des premiers soins,** Dr Joël Hartley
Maigrir, un nouveau régime... de vie, Edwin Bayrd
* **Maman et son nouveau-né, La,** Trude Sekely
** **Mangez ce qui vous chante,** Dr Leonard Pearson et Dr Lillian Dangott
* **Médecine esthétique, La,** Dr Guylaine Lanctôt
Menu de santé, Louise Lambert-Lagacé
* **Pour bébé, le sein ou le biberon,** Yvette Pratte-Marchessault
* **Pour vous future maman,** Trude Sekely
* **Recettes pour aider à maigrir,** Dr Jean-Paul Ostiguy
Régimes pour maigrir, Marie-José Beaudoin
* **Soignez-vous par le vin,** Dr E.A. Maury
Sport — santé et nutrition, Dr Jean-Paul Ostiguy

ART CULINAIRE

* **Agneau, L',** Jehane Benoit
* **Art d'apprêter les restes, L',** Suzanne Lapointe
Art de la cuisine chinoise, L', Stella Chan
* **Bonne table, La,** Juliette Huot
* **Brasserie la mère Clavet vous présente ses recettes, La,** Léo Godon
* **Canapés et amuse-gueule**

* **Cocktails de Jacques Normand, Les,** Jacques Normand
* **Confitures, Les,** Misette Godard
Conserves, Les, Soeur Berthe
* **Cuisine aux herbes, La,**
* **Cuisine chinoise, La,** Lizette Gervais
* **Cuisine de maman Lapointe, La,** Suzanne Lapointe
* **Cuisine de Pol Martin, La,** Pol Martin

DOCUMENTS — BIOGRAPHIES

ENCYCLOPÉDIES

LANGUE *

LITTÉRATURE *

LIVRES PRATIQUES — LOISIRS

PHOTOGRAPHIE — CINÉMA

8/super 8/16, André Lafrance
Apprenez la photographie avec Antoine Desilets, Antoine Desilets
Apprendre la photo de sport, Denis Brodeur
* Chaînes stéréophoniques, Les, Gilles Poirier
* Chasse photographique, La, Louis-Philippe Coiteux
Ciné-guide, André Lafrance
Découvrez le monde merveilleux de la photographie, Antoine Desilets
Je développe mes photos, Antoine Desilets

Je prends des photos, Antoine Desilets
Photo à la portée de tous, La, Antoine Desilets
Photo de A à Z, La, Desilets, Coiteux, Gariépy
Photo-guide, Antoine Desilets
Photo reportage, Alain Renaud
Technique de la photo, La, Antoine Desilets
Vidéo et super-8, André A. Lafrance et Serge Shanks

PLANTES — JARDINAGE *

Arbres, haies et arbustes, Paul Pouliot
Culture des fleurs, des fruits et des légumes, La
Dessiner et aménager son terrain
Guide complet du jardinage, Le, Charles L. Wilson
Jardinage, Le, Paul Pouliot
Jardin potager, Le — La p'tite ferme, Jean-Claude Trait

Je décore avec des fleurs, Mimi Bassili
Plantes d'intérieur, Les, Paul Pouliot
Techniques du jardinage, Les, Paul Pouliot
Terrariums, Les, Ken Kayatta et Steven Schmidt
Votre pelouse, Paul Pouliot

PSYCHOLOGIE — ÉDUCATION

* Âge démasqué, L', Hubert de Ravinel
Aider son enfant en maternelle et en 1ère année, Louise Pedneault-Pontbriand
Aidez votre enfant à lire et à écrire, Louise Doyon-Richard
Amour de l'exigence à la préférence, L', Lucien Auger
* Caractères et tempéraments, Claude-Gérard Sarrazin
* Caractères par l'interprétation des visages, Les, Louis Stanké
Comment animer un groupe, Collaboration
Comment déborder d'énergie, Jean-Paul Simard
* Comment vaincre la gêne et la timidité, René-Salvator Catta
Communication dans le couple, La, Luc Granger
Communication et épanouissement personnel, Lucien Auger

* Complexes et psychanalyse, Pierre Valinieff
Contact, Léonard et Nathalie Zunin
* Cours de psychologie populaire, Fernand Cantin
Découvrez votre enfant par ses jeux, Didier Calvet
* Dépression nerveuse, La, En collaboration
Développement psychomoteur du bébé, Le, Didier Calvet
* Développez votre personnalité, vous réussirez, Sylvain Brind'Amour
Douze premiers mois de mon enfant, Les, Frank Caplan
* Dynamique des groupes, J.-M. Aubry, Y. Saint-Arnaud
Être soi-même, Dorothy Corkille Briggs
Facteur chance, Le, Max Gunther
* Femme après 30 ans, La, Nicole Germain